Descubrir a Dios en la predicación

La lectura orante y la reflexión espiritual en la preparación del sermón

Geoff New

Descubrir a Dios en la predicación

La lectura orante y la reflexión espiritual en la preparación del sermón

SERIE RECURSOS LANGHAM PREDICACIÓN

EDICIONES puma

Descubrir a Dios en la predicación
La lectura orante y la reflexión espiritual en la preparación del sermón
Geoff New

Título original en inglés: Imaginative Preaching: Praying the Scriptures so God Can Speak through You
Langham Global Library, Carlisle, Cumbria, United Kingdom
© 2015 Geoff New
© 2015 Langham Global Library

© 2022 Centro de Investigaciones y Publicaciones (CENIP) – Ediciones Puma
Hecho el Depósito Legal en la Biblioteca Nacional del Perú N° 2022-02063
Primera edición impresa: marzo 2022

Categoría: Religión - Estudios bíblicos - Predicación

ISBN N° 978-612-5026-10-1 | Edición impresa
ISBN N° 978-612-5026-11-8 | Edición digital

Editado por:
© 2022 Centro de Investigaciones y Publicaciones (CENIP) – Ediciones Puma
Av. 28 de Julio 314, Int. G, Jesús María, Lima
Apartado postal: 11-168, Lima - Perú
Telf.: (511) 423-2772
E-mail: administracion@edicionespuma.org | ventas@edicionespuma.org
Web: www.edicionespuma.org
Ediciones Puma es un programa del Centro de Investigaciones y Publicaciones (CENIP)

Traducción y edición: Alejandro Pimentel
Diseño de carátula: Eliezer D. Castillo P.
Diagramación: Hansel J. Huaynate Ventocilla

ISBN N° 978-612-5026-10-1

Contenido

Resumen

Este libro tiene como objetivo mostrar los beneficios que producen el uso de dos antiguas disciplinas de oración, *la lectura orante* y *la reflexión espiritual*, como parte de la preparación del sermón. En el 2010, un grupo de ocho pastores, incluyendo al autor de esta obra, se propusieron usar ambas disciplinas de oración durante un período de cuatro meses. Durante este tiempo, *la lectura orante* y *la reflexión espiritual* se integraron a su ritmo normal de preparación exegética y teológica. Los integrantes del grupo se reunían con frecuencia y sus reflexiones fueron facilitadas por un modelo basado en la acción y la investigación.

Esta investigación surgió como respuesta al deseo generalizado y de toda la vida por utilizar la creatividad en los sermones, deseo que se debe a la falta de progreso en torno a este asunto. Conectado con la falta de creatividad y, hasta cierto punto, la razón de ello, se hallan las abrumadoras ocupaciones del ministerio pastoral y la lucha que el predicador o pastor experimenta al comprometerse personalmente con la Biblia como parte de la preparación de sermones. El capítulo 1 aborda la creatividad en relación con la Biblia y la predicación. El capítulo 2 explica y describe las dos disciplinas de oración.

Como resultado de la práctica de estas dos disciplinas de oración, surgieron diez temas principales. Estos temas se han agrupado de manera natural en tres áreas, cuyos tres capítulos desarrollan los resultados de la investigación (cap. 3 al 5). Estas tres áreas o temas son:

- Un encuentro con la realidad respecto al estado del predicador en torno a su llamado a predicar, el desarrollo de su nivel de sinceridad y su relación con la Biblia.

- Las luchas y los logros que surgen de su interacción con el texto bíblico como resultado de las disciplinas de oración. Ello incluye preguntarse: ¿qué parte de los encuentros espirituales íntimos durante la oración merecen ser compartidos en el sermón?
- El mejoramiento de la relación que el pastor tiene con su congregación, el aumento de la creatividad y el efecto que las dos disciplinas de oración ejercen en las demás actividades del ministerio.

La tesis del libro concluye en el capítulo 6, donde se comparten los descubrimientos de la investigación a partir del relato de los discípulos en el camino a Emaús (Lc 24.13-35).

Introducción

Si los predicadores de este mundo tuviesen un solo pasaje para estudiar y predicar, Hebreos 1.1-4 demostraría intensamente el sufrimiento y la alegría que acompañan a tal ministerio.[1]¿Cómo podría un predicador del siglo XXI comunicarle a su congregación un sentimiento genuino de conexión con la Biblia? ¿Hablará Dios por medio de este sermón? ¿Cómo debo interpretar Hebreos 1.1-4, y cuáles son sus repercusiones? Las congregaciones esperan respuesta a estas preguntas cada semana. La problemática en torno a la predicación se puede resumir de esta manera:

- ¿Será que Dios desea comunicarse por medio de la predicación, pero no es capaz de hacerlo? Entonces quedaríamos desamparados.
- ¿Es capaz de hacerlo, pero no quiere? Entonces Dios sería malévolo.
- ¿Es capaz y quiere hacerlo? ¿Entonces, cuál es el problema?[2]

---

[1] «Dios, que muchas veces y de varias maneras habló a nuestros antepasados en otras épocas por medio de los profetas, en estos días finales nos ha hablado por medio de su Hijo. A este lo designó heredero de todo, y por medio de él hizo el universo. El Hijo es el resplandor de la gloria de Dios, la fiel imagen de lo que él es, y el que sostiene todas las cosas con su palabra poderosa. Después de llevar a cabo la purificación de los pecados, se sentó a la derecha de la Majestad en las alturas. Así llegó a ser superior a los ángeles en la misma medida en que el nombre que ha heredado supera en excelencia al de ellos» (Heb 1.1-4).

[2] Esta parte es un juego de palabras que se basa en aquella famosa fórmula del siglo XVIII, propuesta por David Hume en torno a Dios y el problema del mal: «¿Es que Dios desea prevenir el mal, pero no es capaz de hacerlo? Entonces sería impotente. ¿Es capaz, pero no desea hacerlo? Entonces sería malévolo, ¿Es capaz y desea hacerlo?

la Biblia y la experiencia cristiana confirman la capacidad y la voluntad que Dios posee para hablarle a su pueblo. Sin embargo, pasar por alto esta disposición divina constituye una lucha que experimentan los predicadores cuando se esfuerzan por exponer la Biblia y ser un medio para su Palabra y voz. Como respuesta a este problema, exploraremos en este libro qué resultados se obtienen por medio del uso de dos enfoques contemplativos para el estudio de la Biblia, esto es, *la lectura orante* y *la reflexión espiritual*. Ambos enfoques formarán parte de la preparación para el sermón bíblico junto con un análisis histórico y exegético del texto a predicarse. Si bien la lucha por facilitar el mensaje de Dios por medio de la predicación puede deberse a un sinnúmero de razones, tres serán suficientes a modo de introducción para este trabajo. Cada uno de los problemas irán acompañados de su hipótesis correspondiente.

- **Primer problema:** las cargas del ministerio pastoral compiten con el tiempo y la atención que el predicador le da a la Biblia.
- **Primera hipótesis:** *la lectura orante* y *la reflexión espiritual* dirigen a los predicadores para que logren tener una relación primordial con la Biblia.

Lo interesante de ambas disciplinas, esto es, *la lectura orante* y *la reflexión espiritual,* es que otorgan importancia suprema a la Biblia y al significado de la encarnación. Por medio de una lectura específica del pasaje bíblico y oración en torno a este, el predicador estará apto para recibir la Palabra de Dios hoy y para la vida de discipulado. Por lo tanto, el predicador se ubicará como lo hizo Samuel (1S 3.9-10) y María (Lc 1.38), como un receptor expectante. La razón por la que promovemos *la lectura orante* y *la reflexión espiritual* no quiere decir que los predicadores sean flojos cuando se trata de orar y prepararse para sus sermones, sino que más bien reconocemos la constante lucha que se tiene por lograr un estudio más profundo del texto bíblico, lo cual quizá produzca sermones superficiales o demasiado intelectuales. Para empeorar la situación, las ocupaciones pastorales limitan el tiempo que uno tiene para preparar el sermón. El tiempo que el predicador le

---

Entonces ¿de dónde surge el mal?» citado en J. Millard Erikson, *Christian Theology* (Grand Rapids: Baker, 1985), 412.

dedica a la preparación de su mensaje puede ser cada vez menos debido a las incesantes tareas del ministerio. Nieman describe el problema de esta manera:

> Mientras las presiones de la vida pastoral se amontonan y lo «urgente» reemplaza a lo que es realmente importante, nos decimos: «bueno, no pasará nada si tan solo *esta* semana no dedico tanto tiempo a preparar mi sermón». Y he aquí, ¡teníamos toda la razón! ¡La congregación nos sigue queriendo de todos modos! «¡Buen sermón!», nos dicen mientras salen de la iglesia. Semana tras semana aprendemos a arreglárnoslas con cada vez menos tiempo de estudio, oración y reflexión.[3]

Por lo tanto, la importancia suprema de la Biblia en la vida de la iglesia sufre un deterioro. Por otro lado, deseando sinceramente prestar la debida atención a la preparación del sermón y para respetar el entrenamiento que hemos recibido en exégesis, el sermón puede resultar demasiado intelectual y desconectado de la vida de los oyentes. El predicador termina desligándose del contacto pastoral y por ello surge aquella expresión «que solo al pastor le interesa mucho el asunto de los jebuseos»[4] lo cual termina volviendo al sermón en una tortura mental. A la luz de la encarnación, los predicadores tienen el compromiso moral de personificar la realidad de la Palabra que se hizo carne y no dar a sus congregaciones excusas para que crean que sus pastores forman parte de algún complot, como en los días de Jesús, cuando los sumos sacerdotes pagaban a testigos para que mantuviesen en secreto la razón por la cual la tumba estaba vacía.

- **Segundo problema:** el predicador permanece indiferente ante la Palabra.
- **Segunda hipótesis:** *la lectura orante* y *la reflexión espiritual* aumentan la sinceridad del predicador.

---

[3] James R. Nieman, «Preaching That Drives People from the Church», en *A Reader on Preaching: Making Connections*, ed. David Day, Jeff Astley y Leslie J. Francis (Aldershot: Ashgate, 2005), 248.

[4] Fosdick, citado en Richard Lischer, «Imagining a Sermon», en *A Reader on Preaching: Making Connections*, ed. David Day, Jeff Astley and Leslie J. Francis (Aldershot: Ashgate, 2005), 182.

En 1877, Phillips Brooks describió a la predicación de una manera tan pertinente, que aún sigue siendo un referente importante: «la verdad por medio de la personalidad».[5] Sin embargo, en la vida real los predicadores pueden relegar la «verdad» al periodo de preparación y la «personalidad» al momento de proclamar el mensaje sin que las dos se junten. Por lo tanto, en el mejor de los casos, la integridad del texto y la sinceridad del predicador tienen un compromiso mutuo, pero en el peor de los casos, su relación es fingida. La separación de la verdad y la personalidad merma la sinceridad, especialmente si la observación anterior respecto a la disminución del tiempo de preparación se vuelve un hábito. Una cita más completa de la descripción de Brooks sería provechosa en estos momentos:

> Nuestra descripción respecto a la verdadera predicación es esta: la verdad por medio de la personalidad. Lo cierto es que la verdad debe manifestarse por medio de la persona, y no tan solo por sus labios, no solo en su mente y surgir luego de lo que escribe. Debe pasar por su carácter, sus sentimientos, todo su ser intelectual y moral. Tiene que verdaderamente pasar por medio de él.[6]

La verdad y la personalidad son inseparables, y debemos prestar atención a esta dinámica para que la sinceridad de nuestro ministerio de predicación mejore. Si el predicador pospone su participación en el tiempo de estudio, no logrará estar presente con sinceridad al momento de la predicación.

Hay que aprovechar *la reflexión espiritual* para que logre iluminar el pasaje bíblico que se está estudiando y de esta manera el predicador logrará acercarse a Dios y su amor. La sinceridad conlleva tomar conciencia de lo que significa ser humano en el momento presente:

> Básicamente, el mensaje de Ignacio era «¡despierta!». La aplicación de los sentidos se concentra en la respiración. Si no respiramos, no estamos vivos. Ignacio diría que necesitamos nuestros cinco sentidos para estar presentes. Para que luego, después de la oración, estemos presentes incluso para aquella

---

5 Phillips Brooks, *Phillips Brooks on Preaching* (Londres: SPCK, 1965), 8.
6 Phillips Brooks, *Phillips Brooks on Preaching* (Londres: SPCK, 1965), 8.

persona que pasa por nuestro lado, alguien que bajo otras circunstancias habríamos rechazado o sencillamente ignorado.[7]

El efecto de *la reflexión espiritual* es permitirnos estar más conscientes de la misión en el mundo para el cual Dios nos ha llamado a servir. El don de *la reflexión espiritual* es mostrarle a la persona la opción de descubrir la voluntad de Dios, que la transformará cuando se sujete a «la ley de la vida que Cristo nos dejó por medio de su sacrificio».[8] La posibilidad de responder a Dios de esta manera durante la preparación de los sermones, nos ofrece grandes expectativas para la predicación. La práctica de *la lectura orante* permite un encuentro similar. *La lectura orante* más que un método de oración es una manifestación del compromiso con Dios; es un estilo de vida que se basa en la Biblia y no es para aquellos que evitan tener convicciones, visión y enfoques de vida dispuestos a ser transformados por la oración.[9] La sinceridad depende de la transformación que llevan a cabo la Biblia, la capacidad que el Espíritu de Cristo otorga y la disponibilidad sincera frente al llamado de Dios. «"Y el Verbo se hizo hombre y habitó entre nosotros… lleno de gracia y de verdad" (Jn 1.14). De esto se trata la encarnación. No es un asunto teológico ni complicado. Carece de dignidad. Pero según el cristianismo, así son las cosas».[10] El gran reto consiste en respetar este estilo de vida por medio de aquella predicación en la que la humanidad de los oyentes sea afirmada y les sirva de inspiración para ser cada vez más como Cristo.

- **Tercer problema:** Al predicador poco le impresiona la presencia de Dios.
- **Tercera hipótesis:** *La lectura orante* y *la reflexión espiritual* nos ayudan a recobrar la creatividad en la predicación.

La capacidad de imaginar o el ingenio creativo es un don de Dios que permite a la humanidad discernir su presencia y obrar en este mundo.

---

[7] P. John O'Connor, entrevista con el autor acerca de la espiritualidad ignaciana, 2009.

[8] Hugo Rahner, *Ignatius the Theologian* (New York: Herder & Herder, 1968), 55.

[9] Michael Casey, *Sacred Reading: The Ancient Art of Lectio Divina* (Liguor: Triumph, 1996).

[10] Frederick Buechner, *Wishful Thinking: A Theological ABC* (New York: Harper & Row, 1973), 43.

Funciona como una oficina de información en la que, por medio de una búsqueda íntima con la Palabra escrita y encarnada, se confronta al predicador con gracia y revelación. La creatividad es el medio por el cual los predicadores pueden sumergirse en la Palabra durante la preparación del sermón y en el acto mismo de la predicación. Sin embargo, algunos intentos por emplear la creatividad en la predicación pueden terminar siendo un sencillo juego de «supongamos que».[11] Tales intentos descuidan la buena exégesis, distorsionan el propósito de la Biblia y atentan contra la razón de ser de la predicación, la cual consiste en poner en práctica el significado de la historia bíblica al mundo de hoy teniendo en cuenta lo que Dios ha prometido para el futuro. Se considera que las consecuencias de ello han sido una pérdida para la teología en general, específicamente en lo que se refiere a la predicación semana tras semana y al discipulado cristiano día tras día. En la medida que siga habiendo falta de creatividad, el ministerio de la predicación sufrirá un gran y claro daño: la pérdida de admiración frente a algo inesperado.

G. K. Chesterton lo expresa de una manera concisa: «El mundo jamás pasará hambre por falta de milagros, sólo por falta de admiración».[12] Incluso un estudio superficial de la Biblia demuestra cuán importante es el sentimiento de admiración en la vida de la iglesia y el culto que le rinde a Dios. El salmo 8 registra un sentimiento de incredulidad ante Dios que toma en cuenta a la humanidad; el salmo 19 declara la presencia mundial y constante de Dios en la creación; el salmo 139 expresa admiración ante la atención de Dios; y el arrepentimiento de Job (Job 42.1-7) surge de su admiración. En el Nuevo Testamento vemos sentimientos de admiración en los relatos del nacimiento (Mt 2; Lc 2) y los encuentros con Jesús después de su resurrección (Jn 20). La señal característica del día de Pentecostés (Hch 2) es aquella donde los apóstoles declaran las maravillas de Dios en lenguas extranjeras. Las epístolas prosiguen con pasajes tales como Colosenses 1.15-20,

---

[11] Lischer, «Imagining a Sermon», 181.

[12] Cita proveniente de Warren W. Wiersbe, *Preaching and Teaching with Imagination: The Quest for Biblical Ministry* (Grand Rapids: Baker, 1994), 69. Nota del editor: la expresión es de difícil traducción porque G. K. Chesterton usó un juego de palabras entre el sustantivo plural *wonders* y el verbo *to wonder*. La cita aparece en su obra *Tremendous Trifles*, 1909.

que describe la importancia suprema de Cristo; Efesios 3.14-21, que traduce tal revelación en oración; y Romanos 11.33-36, que lo expresa en forma de doxología. La admiración es hija de la creatividad, y cuando en la vida de la iglesia no hay sentimientos de admiración, ello manifiesta una creatividad estéril. Gallagher comenta: «Necesitamos reconocer el papel que juega la creatividad como una longitud de onda alternativa al conocimiento, una especie de admiración en estado de alerta, más receptiva que analítica según su método».[13] *La lectura orante* y *la reflexión espiritual* sirven de una tremenda ayuda al predicador para que pueda sintonizar aquella «longitud de onda alternativa al conocimiento». Si los predicadores no han logrado experimentar el despertar de su creatividad ante tal realidad divina y no han logrado sentir una verdadera admiración ante lo que Dios ha hecho por medio de Cristo, ¿podrán realmente predicar acerca de ello? El valor de *la lectura orante* y *la reflexión espiritual* es que exigen receptividad y humildad y por lo tanto entrenan la creatividad. Por medio de la interacción con la Biblia, contribuyen a que la creatividad enriquezca los sermones, de modo que las personas logren una mejor ubicación para vivir la vida de acuerdo con la Biblia. El llamado al uso de la creatividad en la predicación es antiguo y amplio, y nuestra atención ahora se concentrará en este llamado, porque materializa y llega a lo más profundo del debate en torno a los problemas y desafíos de la predicación en la actualidad.

---

[13] Michael Paul Gallagher, «Theology and Imagination: From Theory to Practice», Christian Higher Education 5 (2006): 83–96. Consultado el 30 de octubre de 2009 en http://www.plaything.co.uk/ gallagher/academic/theol_imag.html.

Capítulo 1

La creatividad: imaginarse el mundo tal como Dios lo ve y quiere que sea

En la primera de una serie de conferencias en la Universidad de Yale entre 1871-1874, Henry Ward Beecher dijo: «El primer elemento sobre el cual la predicación de ustedes en gran parte dependerá para tener fuerza y éxito, quizá se sorprendan, es la creatividad, la que considero el más importante de todos los elementos que forman a un predicador».[1] G. Campbell Morgan complementó esto diciendo que «la creatividad es la obra suprema de la preparación [de un sermón]».[2] Dado el paso del tiempo, es prudente considerar si dicho consejo ha sido tomado en cuenta y si la creatividad es evidente en la predicación del día de hoy. Burghardt nos da una respuesta inicial:

> En los últimos años he sostenido que hay cuatro problemas que impiden que la predicación de hoy sea mejor que el sermón de ayer: temor a la Sagrada Escritura, ignorancia de la teología contemporánea, desconocimiento de la oración litúrgica y falta de preparación adecuada. La lista tiene una laguna lamentable. He omitido la falta más seria de todas: la creatividad. Sin creatividad el predicador cojea dando brincos con una sola pierna.[3]

---

[1] Henry Ward Beecher, «*The Power of the Imagination*», en *Developing a Christian Imagination: An Interpretative Anthology*, ed. Warren W. Wiersbe (Wheaton: Victor, 1995), 216.

[2] Citado en David L. Larsen, *Telling the Old Old Story: The Art of Narrative Preaching* (Wheaton: Crossway, 1995), 241.

[3] Walter J. Burghardt, *Preaching: The Art and the Craft* (New York: Paulist, 1987), 19.

Junto con esto, Peterson describe el legado de una era obsesionada con la tecnología y la información.[4] Escribe al respecto: «Un mal mayor y muy poco notorio en nuestro tiempo es la degradación sistemática de la creatividad. La creatividad es una de las principales cualidades de la humanidad… Ahora mismo, uno de los elementos fundamentales del ministerio cristiano para nuestro mundo en ruinas es la recuperación y el ejercicio de la creatividad».[5] A la luz de este desafío, esta investigación propone que el ministerio de la predicación sea una respuesta importante a la falta de creatividad, dado que durante un sermón la mayor parte del pueblo de Dios está expuesto a los efectos del estudio y aplicación de la Biblia.

Esta «degradación sistemática de la creatividad» logró ser identificada desde un principio por D. H. Lawrence, quien escribió lo siguiente para un periódico en octubre de 1928:

> Ahora el tremendo y fatal fruto de nuestra civilización, aquella que se basa en conocimiento, y hostil a la experiencia, es el aburrimiento. Están aburridos porque no experimentan nada. Y no experimentan nada porque el sentimiento de admiración se ha esfumado. Y cuando aquel sentimiento de asombro se haya marchado del ser humano, este está muerto.[6]

Las preguntas inquietantes que nos planteamos son las siguientes: ¿La predicación de hoy en día está contribuyendo a la «degradación de la creatividad» o a la «recuperación y el ejercicio» de la misma? ¿La predicación contemporánea es parte del «gran aburrimiento total»? ¿La predicación de hoy carece de experiencia y, por lo tanto, carece de admiración? ¿Cómo puede la predicación convertirse en «uno de los elementos fundamentales del ministerio cristiano para nuestro mundo en ruinas»? En la medida en que los comentarios de Peterson y Lawrence son aplicables a la práctica de la predicación, las respuestas a tales preguntas se hallan en la manera en que manejen la Biblia durante la preparación de sermones.[7] Este capítulo toma en cuenta el lugar

---

4   Eugene H. Peterson, *Under the Unpredictable Plant: An Exploration in Vocational Holiness* (Grand Rapids: Eerdmans, 1992), 172.

5   *Ibid.*, 171.

6   Citado en Aelred Squire, *Asking the Fathers* (London: SPCK, 1973), 126.

7   Debemos acotar que Peterson escribía específicamente a dirigentes cristianos, no así

que ocupa la creatividad y el método exegético histórico-crítico en la preparación de sermones.

No podemos exagerar la importancia de la Biblia para la formación de la iglesia, ni tampoco la necesidad de abordar la Biblia de una forma sana. El evangelio de Juan comienza con una formula dramática y reveladora de la encarnación: el Verbo divino se hizo hombre (Jn 1.1-5, 14). La Palabra de Dios no es simplemente tinta y papel, es también carne y huesos. Desde entonces, ha sido responsabilidad de la iglesia cristiana estudiar e interpretar la Biblia de una manera sana, que anime y rinda honor a la encarnación. En particular, la iglesia ha sostenido la esperanza razonable de que sus dirigentes estudien, presenten y lleven a la práctica la Biblia de manera precisa, integral, dinámica, relacional y reveladora. Esto requiere una buena exégesis y una creatividad dirigida por el Espíritu. Goldingay dice al respecto: «Necesitamos entender la Biblia históricamente. Pero también necesitamos estar dispuestos a creer en los saltos inesperados de una creatividad inspirada».[8] Recuperar la creatividad en la predicación significa que «en la vida moderna de la ciudad, nuestro sentimiento de admiración, la creatividad que Dios nos ha dado, debe cultivarse conscientemente mediante cualquier medio posible y auténtico».[9]

Es hora de que estudiemos la Biblia para preparar sermones de una manera que produzcan interés y comuniquen sinceridad. Peterson expone el caso con vehemencia: «¡Es hora de que seamos enérgicos, es tiempo ya de que las comunidades cristianas reconozcan, respeten y encarguen a sus pastores a que se conviertan en expertos de la creatividad, a que formen parte del grupo de nuestros poetas, cantantes y narradores de cuentos en calidad de compañeros del testimonio evangélico!»[10] Gracias a la invocación de Peterson, han aparecido recientes y esclarecedoras contribuciones que ofrecen cierta dirección

---

Lawrence. Sin embargo, los comentarios de Lawrence siguen siendo válidos en tanto que se siga entrenando para el ministerio profesional a dirigentes cristianos, mientras que por otro lado los miembros de la congregación reciben formación en otras áreas de la vida.

8 John Goldingay, «*Premodern, Modern, and Postmodern in Old Testament Study*», en James D. G. Dunn y John W. Rogerson, eds, Eerdmans Commentary on the Bible (Grand Rapids: Eerdmans, 2003), 19.

9 Squire, *Asking the Fathers*, 126.

10 Peterson, *Under the Unpredictable Plant*, 172.

y el contexto necesario para plasmar una respuesta. Por ejemplo, Steinmetz ha demostrado inesperadas similitudes entre Martín Lutero e Ignacio de Loyola en la manera que usan una exégesis creativa para la predicación;[11] la práctica religiosa y el pedido que Schneiders hace para que se fusionen la espiritualidad católica y las técnicas de estudio bíblico protestantes;[12] la recomendación que Quicke plantea para que los predicadores se sumerjan en la Biblia recurriendo a *la lectura orante*;[13] la deuda que Heisler tiene para con Haddon Robinson por facilitar un renacimiento de la predicación expositiva y un llamado a los evangélicos para que promuevan más la obra del Espíritu dentro de ese contexto;[14] y el ejemplo útil de Loader, que ha proporcionado lecturas creativas y exegéticas del Nuevo Testamento.[15]

Al lograr una descripción operativa respecto a la creatividad aplicada a la predicación, es útil tener en cuenta las contribuciones de figuras del siglo XIX como: George MacDonald y el Cardenal John Henry Newman. Ambos ofrecen ideas útiles ya que en el segundo milenio y hasta el siglo XIX, «se trató a la creatividad como si fuera una tonta Cenicienta que debía quedarse en la miseria de su cocina».[16] El romanticismo del siglo XIX fue el «hada madrina» que logró recobrar la creatividad, y ese cambio impactó a la teología.[17] Los escritos de MacDonald y Newman emergieron en aquel período. MacDonald postula que la creatividad es el camino por el que la humanidad puede

---

[11] Quizá el mayor parecido entre Lutero y Loyola radica en su interés común por la creatividad humana como instrumento de educación y reforma espiritual. Lo que vincula a Lutero con Loyola es su convicción compartida de que para revivir la historia bíblica se requiere el pleno uso de los poderes de la creatividad humana. Para Lutero y Loyola no existen personajes planos o bidimensionales. Las narraciones bíblicas deben ser retomadas con toda la vida, vigor, color y poder emocional de las originales. Nada menos que ello servirá». David C. Steinmetz, «Lutero y Loyola», *Interpretation*, 47, no. 1 (1993), 12.

[12] Sandra Schneiders, «Biblical Spirituality», *Interpretation* 56, no. 2 (2002): 133–142.

[13] Michael Quicke, *360-Degree Preaching: Hearing, Speaking and Living the Word* (Grand Rapids: Baker, 2003).

[14] Greg Heisler, *Spirit-led Preaching: The Holy Spirit's Role in Sermon Preparation and Delivery* (Nashville: B & H, 2007).

[15] William Loader, *The New Testament with Imagination: A Fresh Approach to Its Writings and Themes* (Grand Rapids: Eerdmans, 2007).

[16] Gallagher, «*Theology and Imagination*», primer párrafo.

[17] Gallagher, «*Theology and Imagination*», primer párrafo.

conocer a Dios.[18] Su entendimiento es que la creatividad no es tanto una facultad humana con el poder de crear, sino un don divino para descubrir a Dios. MacDonald promueve la idea de que la creación es la forma por la cual la humanidad puede llenar el mundo de pensamiento, revelación y descubrimientos. «El hombre tan sólo tiene que encender la lámpara dentro de la forma (el mundo): su creatividad es la luz, no la forma. Inmediatamente el pensamiento brillante hace que la forma sea visible, y se hace visible por medio de la forma».[19] Básicamente, no hay nada que la humanidad pueda reclamar como puramente humano; sólo existe el desenterrar y descubrir lo que Dios ya ha creado y puesto en marcha. Aunque Dios es el Creador, Dios opta por cooperar con la humanidad para que esta pueda crear:

> «Gloria de Dios es ocultar un asunto, y gloria de los reyes el investigarlo», dice Salomón. Bacon añade: «Como si fuera un inocente juego de niños, su Divina Majestad se deleitó en ocultar sus obras, para que al final sean descubiertas; y como si los reyes no pudieran lograr mayor honor que convertirse en compañeros de juego de Dios.[20]

Ejercitar la creatividad es volverse más humano porque se está en sintonía con el propósito y la presencia de Dios. En su *Gramática del asentimiento*, escrito en 1892, Newman[21] propone que la creatividad ocupe un lugar junto a la razón y que nos ayude a comprender y abrazar la realidad de Dios. Si bien expresa cierta preocupación por involucrar a la creatividad, no excluye su uso al afirmar que no se puede confiar solo en la razón para avanzar en lo bueno. Newman posteriormente promueve la idea de que tanto la razón como la creatividad son necesarias para la certeza de la fe. Tiende a ubicar a la razón en un nivel un poco más alto, y afirma la importancia suprema de la Biblia en todo ello, pero la creatividad es definitivamente una pieza clave en la aventura de la teología y la fe. «Considero... que la razón no está en contra de nosotros, sino la creatividad. La mente, luego de haber

---

[18] George MacDonald, *A Dish of Orts* (1887).
[19] *Ibid.*, 5.
[20] *Ibid.*, 41.
[21] John Henry Newman, *Grammar of Assent* (New York: Doubleday, 1955).

vivido en la ciencia, y haber descuidado totalmente a los Evangelios, experimenta, en su retorno a la Biblia, una total extrañeza en lo que lee».[22] Hoy en día, en lo que se refiere al evangelio, el legado es el mismo, tal como Newman lo describió: la explicación del evangelio ha eclipsado la experiencia del evangelio.[23] La esencia de la tesis de MacDonald y Newman es que la creatividad sintoniza a las personas a Dios y a su presencia y actividad en el mundo. Ambos aclaran su posición respecto a la creatividad, que es el medio para lograr comprender a Dios.

Este libro se adhiere a esta comprensión del papel y la función de la creatividad, especialmente cuando la creatividad se relaciona constantemente con la Biblia y se esfuerza por someterse a la obra del Espíritu. La creatividad no revela cualquier realidad sino la realidad final. La creatividad es el medio por el cual logramos percibir a Dios, lo experimentamos y comprendemos, y por el cual entendemos la vida que él dirige.[24] La creatividad no se satisface con la situación presente, sino que es el medio por el cual Dios, su Palabra y amor por este mundo pueden ser tomados en serio. Las personas y comunidades que recurren a la creatividad pueden comenzar a ver los propósitos de Dios para la creación y ellos mismos se alinean armónicamente a la realidad que Dios ha ordenado.[25] Bruggemann lo describe con mucha habilidad cuando escribe respecto a la «"o" imaginaria».[26] Basándose en Josué e Isaías, Bruggemann demuestra la manera en que Dios presentó a su pueblo una opción a elegir. Tenían frente a ellos la opción a seguir viviendo sin Dios *o* ceñirse a las recomendaciones divinas que los llevarían a una existencia alterna y sujeta a la historia de la salvación.

Sin embargo, sucede a menudo que el testimonio bíblico es visto como un apéndice de la realidad actual y no se lo considera

---

[22] Citado en Ellen F. Davis, *Imagination Shaped: Old Testament Preaching in the Anglican Tradition* (Valley Forge: Trinity Press, 1995), 249.

[23] Peterson, *Under the Unpredictable Plant*.

[24] William F. Lynch, *Images of Faith: An Exploration of the Ironic Imagination* (Notre Dame: Notre Dame Press, 1973); Cheryl Forbes, *Imagination: Embracing a Theology of Wonder* (Portland: Multnomah, 1986); Garret Green, *Imagining God: Theology and the Religious Imagination* (Grand Rapids: Eerdmans, 1989); Davis, *Imagination Shaped*.

[25] MacDonald, *A Dish of Orts*.

[26] Walter Brueggemann, «An Imaginative "Or"», en *A Reader on Preaching: Making Connections*, ed. David Day, Jeff Astley and Leslie J. Francis (Aldershot: Ashgate, 2005), 51–64. Nota del editor: aquí se refiere a la conjunción disyuntiva «o», como en esto *o* aquello.

seriamente como realidad por derecho propio. Peterson[27] considera que esto demuestra el grado en que la creatividad está atrofiada. La descripción y la visión de la vida que la Biblia ofrece y la participación de Dios en ella se considera inferior al mundo en el que la gente vive. Por ejemplo, Peterson observa cómo la gente apela a que la Biblia se vuelva pertinente o se acomode a rutinas personales, ambas son búsquedas bien intencionadas, pero manifiestan la percepción errónea de ver al «mundo bíblico como si fuera más pequeño que el mundo secular».[28] El camino para corregir este error es expandir y formar a la creatividad. La creatividad plena facilita, si no exige, la presencia de la persona completa y no simplemente una presencia emocional o cognitiva. Se basa en todas las facultades humanas y promueve la acción en respuesta a aquello que se discierne y se experimenta por medio de la creatividad.[29] El ejemplo más obvio y frecuente de ello en la vida de los cristianos de hoy es la comunión. Cuando se pronuncian las palabras de la institución y se consumen los elementos, la creatividad evoca la noche en que Cristo fue traicionado. El cristiano responde con su voluntad y encuentra que la fe y la esperanza se elevan, mientras determina que ahora experimenta de una nueva forma la presencia de Cristo y su amor. Tal uso de la creatividad confirma la tesis de Newman respecto a que la creatividad impacta las fuerzas que motivan la vida humana: fuerzas como la esperanza, el miedo y la pasión. Una creatividad que se orienta hacia Dios influye y estimula estas fuerzas según su propósito.

El asunto se complica porque, como concepto, la creatividad sufre de mala fama. Como término, la creatividad se usa indistintamente en sentido positivo y negativo. Por ejemplo, un dirigente recibe elogios por ser creativo, es decir, que demuestra tener una capacidad de invención; mientras que, por otro lado, la contribución de otro puede ser rechazada por ser «solo producto de su invención».[30] Sugerir el uso de la creatividad dentro del contexto ministerial cristiano, especialmente en la predicación, podría causar malestar. Troeger,

---

27 Eugene H. Peterson, *Eat This Book: A Conversation in the Art of Spiritual Reading* (Grand Rapids: Eerdmans, 2006).

28 *Ibid.*, 67.

29 Lynch, *Images of Faith*; Green, *Imagining God*.

30 Green, *Imagining God*.

con referencia a la predicación, afirma lo siguiente: «La creatividad no siempre es bienvenida en el hogar de la fe».[31] Ello probablemente se deba a que, en el lenguaje común, la creatividad a menudo se asocia con la fantasía, el soñar despierto y la utopía; la creatividad se confunde con lo imaginario.[32] Wiersbe distingue entre la creatividad y la fantasía (lo imaginario). La creatividad penetra la realidad y facilita su comprensión, mientras que la fantasía intenta escapar de la realidad. La fantasía nos dice que «un elefante se balanceaba sobre la tela de una araña», pero la creatividad que inspira nos dice que «El Señor es mi pastor». «La fantasía crea un mundo nuevo para ti; la creatividad te permite comprender mejor el viejo mundo».[33]

La creatividad pudiera ser mejor recibida si se llegase a demostrar que su relación con la Biblia es más natural. La preocupación que se tiene por la creatividad se debe a que esta tiende a generar construcciones que son, en el mejor de los casos, imaginativas y, en el peor, malvadas. Tozer comenta que «la creatividad, dado que es una facultad de la mente natural, debe necesariamente sufrir de sus limitaciones intrínsecas y de una inherente inclinación hacia el mal».[34] Sin embargo, al afirmar aquella posibilidad, Tozer entonces advierte de la pérdida que existe si nos rendimos ante tal temor. Aquella pérdida es la incapacidad de disfrutar del «don sagrado de ver, la habilidad de mirar más allá del velo y observar con asombro y maravilla las bellezas y misterios de las cosas santas y eternas».[35]

MacDonald[36] también reconoce la posibilidad que la creatividad tiene para engañar y facilitar el mal, pero responde a ello abogando por el desarrollo de la creatividad, no de su supresión. Además, MacDonald ubica el origen de la creatividad humana en la sabiduría y la luz de Dios. Así que, a pesar de que la creatividad puede a veces demostrar evidencia de haber sido agredida y desfigurada por el pecado, tenemos

---

31 Thomas H. Troeger, *Imaging a Sermon* (Nashville: Abingdon, 1990), 99.
32 Wiersbe, *Preaching and Teaching with Imagination*.
33 Wiersbe, citado en Peterson, *Eat This Book*, 102.
34 A. W. Tozer, «The Value of a Sanctified Imagination», en *Developing a Christian Imagination: An Interpretive Anthology*, ed. Warren W. Wiersbe (Wheaton: Victor, 1995), 213.
35 *Ibid.*, 213-214.
36 MacDonald, *A Dish of Orts*.

la esperanza en el hecho de que su origen no es la oscuridad, sino la bondad de Dios porque, refiriéndose específicamente a la creatividad, «el Creador es nuestra luz».[37]

En la medida en que la creatividad representa la naturaleza caída del ser humano, también representa una oportunidad para la redención divina. Si sugerimos que la creatividad es demasiado peligrosa y poco fiable para ser utilizada, estamos insinuando que hay un aspecto de nuestra humanidad que no puede salvarse y, obviamente, ese no es el caso. «Lo que la creatividad hace a su manera… es tomar un paso audaz y difícil desde la oscuridad o la fantasía o las mentiras de todo tipo, hacia la construcción o descubrimiento de una realidad… entonces su primera tarea es conquistar la fantasía».[38] Una creatividad cuya forma la Biblia moldea y el Espíritu ilumina, permite que las escamas caigan de nuestros ojos para que la realidad tal como Dios la ha creado pueda llegarse a ver.

El predicador juega un papel fundamental en la lucha por estudiar fielmente la Biblia y llevarla a la práctica, para así discernir la realidad tal como Dios la ordenó. Corresponde al predicador modelar y mediar el uso de la creatividad en la búsqueda de Dios. «Para salvar a los pecadores, Dios se apodera de ellos mediante la creatividad: el predicador se coloca al servicio de este acto salvífico por el compromiso obediente y lúcido de su propia creatividad».[39] A esto se suma el hecho de que los autores de la Biblia, bajo la inspiración del Espíritu, mantuvieron la creatividad viva, y para extraer el significado de la Biblia se requiere que «los que se acercan a ella… tengan una creatividad tan atrevida como la de los que la escribieron».[40] La postura de esta investigación es que la encarnación es el centro de la historia de la salvación y el evento al que definiciones teológicas de la creatividad, implícitas y explícitas, nos conducen. En cuanto a la visión cristiana de la creatividad, y especialmente para los propósitos de la predicación, la siguiente definición puede ser útil:

---

[37] *Ibid.*, 25.

[38] William F. Lynch, *Images of Hope: Imagination as Healer of the Hopeless* (Notre Dame: Notre Dame Press, 1974), 244.

[39] Green, *Imagining God*, 149.

[40] Neil Gregor Smith, «*Imagination in Exegesis*», *Interpretation* 10, no. 4 (1956): 425.

> *La creatividad es el medio por el cual llegamos a estar*
> *en sintonía con la perpetua realidad de la encarnación.*

Según su esencia, la encarnación manifiesta el mensaje de la Biblia, la cercanía de Dios, la dignidad innata de la humanidad y la presencia del reino de Dios. La encarnación es luz en las tinieblas, la realidad de Dios en medio de una falsa realidad. «Lo que la creatividad nos ayuda a ver es que cualquier vida, por muy común y corriente que sea, es extraordinaria para Dios. Gracias a la encarnación, Dios anuló lo que era considerado común y corriente. Lo que sucede es que todavía no hemos entendido el mensaje».[41] La pregunta y respuesta de catequesis que ofreció Lloyd-Jones nos da un resumen conciso: «¿Cuál es el propósito final de la predicación? Otorgar a hombres y mujeres un sentido de Dios y su presencia en medio nuestro».[42]

Sin embargo, es irónico que en el mismo estudio de la Biblia suceda la «sistemática degradación de la creatividad» y aquellos que la estudian «no experimenten nada… porque el sentimiento de admiración se ha esfumado». Los peligros que acompañan a ello se manifiestan cada vez que las tareas profesionales incluyan el manejo rutinario de la Biblia. El espíritu con el que tal profesional aborda el texto puede reducirlo a algo que es sencillamente común, y la comodidad puede sofocar la atención que se merece. Merton observa que los que están profesionalmente involucrados en el estudio de la Biblia «a menudo llegar a evitar un diálogo radical con el libro que están cuestionando»[43] y al concentrarse intensamente en palabras y detalles aislados, pierden interés en su significado. Merton continúa comentando sobre el efecto de acomodarse tanto al texto bíblico que sus páginas dejan de sorprender al lector. Predicar la Biblia requiere que el predicador luche en contra «del hecho que la Biblia es revolucionaria»[44] y luego invite al oyente para que lo acompañe a lugares a donde la Biblia los han llevado.[45]

---

[41] Forbes, *Imagination*, 19.

[42] Martyn Lloyd-Jones, *Preaching and Preachers* (London: Hodder & Stoughton, 1971), 97.

[43] Thomas Merton, *Opening the Bible* (Collegeville: Liturgical Press, 1970), 34.

[44] Gordon Oliver, citado en Bonnie Thurston, «On Biblical Preaching», The Way 48, no. 1, (2009): 75.

[45] Thurston, «On Biblical Preaching».

Schneiders sospecha de algo: que «la "devoción despreocupada" está siendo sustituida por el estudio serio»[46] y así la espiritualidad se separa de la erudición. Subyacente a esta sospecha se encuentra el legado de la «era de la Ilustración», con su «obsesión por el supuesto estudio objetivo, lo cual parecía requerir la desconexión del investigador con cualquier participación que tuviera con el tema que se estudiaba».[47] Thurston identifica la lucha entre la exégesis y el contenido final de un sermón, diciendo lo siguiente: «El estudio histórico-crítico de la Biblia enriquece enormemente la predicación. Pero predicar no es realizar una investigación histórico-crítica de la Biblia».[48] Schneiders plantea un fuerte desafío en respuesta a tal enfoque y ofrece la siguiente observación:

> La dicotomía que resulta de todo esto, es dañina en la práctica, tanto para la erudición bíblica como para la espiritualidad. En realidad, el trabajo más intelectualmente riguroso y espiritualmente fructífero sobre los textos bíblicos, a lo largo de la historia, fue realizado por aquellos que no solo hablaban elocuentemente e incluso con autoridad ante sus colegas eruditos, sino que también sintieron una gran pasión por la espiritualidad: Orígenes, Agustín, Tomás de Aquino, Bernardo, Lutero, Calvino, Bultmann, Barth, Lagrange, Raymond Brown, y muchos otros.[49]

La erudición seria y la espiritualidad apasionada son complementarias, no enemigas.

La Biblia suscita una respuesta en el lector, y Bultmann sugirió que ello requiere dos niveles de entendimiento.[50] El primer nivel es el estudio del texto, mientras que el segundo es un compromiso más profundo y personal con el mismo texto. El primer nivel es la preparación para el segundo nivel. Sin embargo, el peligro surge cuando lo que se entiende por medio del primer nivel, el estudio histórico-crítico, se

---

46 Schneiders, «Biblical Spirituality», 141.
47 *Ibid.*
48 Thurston, «On Biblical Preaching», 78.
49 Schneiders, «Biblical Spirituality», 141.
50 Merton, *Opening the Bible.*

toma como si fuera el significado final.[51] Raymond Brown señaló las limitaciones de un estudio exegético: «Lo que se capta por medio del método histórico-crítico no es todo el significado de la Biblia».[52] El lamento de Burghardt es pertinente: «Los exegetas se han llevado a mi Señor, y no sé dónde lo han puesto».[53] El efecto no es muy distinto a la visión profética de Ezequiel, donde los huesos secos necesitan ser reanimados por el aliento de Dios (Ez 37.1-14). Relacionarnos con el texto solamente a partir del primer nivel es correr el riesgo de terminar con un montón de huesos secos. Según Von Balthasar, lo describió de esta manera: «la exégesis contemporánea ha logrado reducir el cuerpo vivo de la Biblia a un desorden de sangre y huesos».[54] Debemos permitir que el primer nivel haga su labor de forjar la dirección, «como una antorcha que desde un solo foco produce un amplio haz de luz».[55] Se le debe dejar que nos revele «la "condición única y especial" del registro bíblico, la "amplitud" del mundo que presupone»,[56] debe protegernos de la eiségesis y asegurar una coherencia general en el testimonio de la Biblia y el de la iglesia.[57] Sin embargo, si a este primer nivel se le otorga un carácter exclusivo, se suprime la creatividad del predicador y la impresión que obtienen los oyentes es que la Palabra de Dios «llega en un tubo herméticamente sellado».[58] El segundo nivel, fundamentado por el primero, es el punto en el que participa la creatividad:

> Pero una predicación bíblica poderosa va más allá de la erudición crítica. De hecho, utiliza la erudición como un trampolín hacia

---

[51] *Ibid.*, Brendan Byrne, «ver con los ojos de la creatividad…»: «Scripture in the Exercises and Recent Interpretation», The Way 72 (1991): 3–19. Veremos en al capítulo 4 que esta investigación encontró más beneficioso revertir el orden de los dos niveles descritos por Merton al utilizar *la lectura orante* y la *reflexión espiritual*. Entonces se hizo el trabajo exegético después de la reflexión y oración personal del texto. Por lo tanto, referencias al primer nivel (exégesis del texto) y al segundo nivel (reflexión personal del texto) son utilizadas como categorías descriptivas en lugar de señalar en qué orden fueron empleados en la investigación.

[52] Raymond Brown citado en Thurston, «On Biblical Preaching», 78.

[53] Burghardt, *Preaching: The Art and the Craft*, 8.

[54] Von Balthasar citado en Christopher Dillon, «Lectio Divina in the Monastic Tradition», Cistercian Studies Quarterly 34 (1999): 318.

[55] Byrne, «Scripture in the Exercises», 14.

[56] *Ibid.*

[57] *Ibid.*, Schneiders, «Biblical Spirituality».

[58] Thomas H. Troeger, *Imaging a Sermon* (Nashville: Abingdon, 1990), 27.

los misterios de la fe. Una predicación bíblica poderosa nace de predicadores que creen, y que han vislumbrado a Aquel cuya sombra se ve en el texto.[59]

Poner atención solamente cuando uno hace exégesis no es suficiente: debemos también concentrarnos en el segundo nivel, que es más personal. «El texto debe conocerse tal como está, según su integridad intelectual-afectiva. Necesitamos que evoque nuestro total apoyo. Necesitamos sentirlo para poder conocerlo».[60] El desafío es poseer lo que Paul Ricoeur describió como una «segunda inocencia» en nuestro encuentro con la Biblia.[61] Como resultado, se entabla un diálogo pleno con el texto para luego proclamarlo por medio de la predicación.

Además, en ambos niveles, se debe abordar la Biblia considerando que según su premisa inicial Dios invita, incluso exige una respuesta de parte de los seres humanos:

> Una de las verdades básicas que, en conjunto, la Biblia nos plantea no consiste en que sencillamente Dios siempre tiene la razón y el hombre siempre se equivoca, sino que Dios y el hombre pueden encontrarse en un auténtico diálogo: uno que implique *una verdadera reciprocidad entre las personas, cada una de las cuales respeta plenamente los derechos y la libertad del otro...* Toda la idea de pacto, diálogo, reciprocidad, respeto mutuo... se lleva a cabo permitiendo un intercambio francamente humano. «Entonces el Señor le dijo a Moisés... Entonces Moisés respondió». Quejarse de esto no es muestra de una sabiduría mística superior, sino de una mente literal y una creatividad débil.[62]

Por lo tanto, todo estudio de la Biblia que tenga el propósito de predicarla exige una entrega personal a su voz. «Cualquier lectura seria de la Biblia requiere una participación personal, no un sencillo asentimiento mental respecto a las premisas propuestas. Y esta participación es

---

[59] Thurston, «On Biblical Preaching», 78.
[60] Kenneth C. Russell, «Why Lectio Divina is Difficult», Spiritual Life 49 (2003): 73.
[61] Thurston, «On Biblical Preaching», 67.
[62] Merton, *Opening the Bible*, 44-45, énfasis en el original.

peligrosa, porque uno se expone a conclusiones imprevistas».[63] Esta clase de «participación» hace posible que se recupere la creatividad, según sus parámetros bíblicos, y se la aplique al ministerio cristiano. Se nos confronta con una tremenda oportunidad para nuevos descubrimientos cuando nos acercamos a la Biblia:

> Hay un exceso de significado en la palabra de Dios, ya sea la primera palabra de la creación, la palabra eterna o la palabra de la revelación. Nuestras categorías lógicas no son adecuadas. Ni nuestras antinomias dualistas, aquella metodología puramente dialéctica de lo uno o lo otro. La realidad es lo uno y lo otro: tanto la vida como la muerte, la eternidad y la historia, mito y hecho, revelación y razón, espiritual y empírico, unidad y dualidad e incluso trinidad, dialéctica y analogía, estabilidad y adaptabilidad, la verdad y la indeterminación.[64]

En su discusión en torno a la «espiritualidad bíblica», Schneiders ofrece varios significados del término. Por ejemplo, que «es un proceso transformador de compromiso personal y comunitario con el texto bíblico».[65] Schneiders complementa la invocación de Merton. Pensando especialmente en el obrero cristiano, ella afirma que la Biblia debe ser abordada no sólo como un documento histórico sino como la Palabra de Dios. Thurston describe el segundo nivel de comprensión no tanto como una explicación sino como una «invitación a un impredecible encuentro futuro con el gran misterio de Dios. ¡Y ello puede ser profundamente perturbador! Pero, de nuevo, el predicador sólo puede invitar a otros a partir de su propia experiencia».[66] Por lo tanto, la erudición y la espiritualidad deben estar presentes en el estudio de la Biblia:

> Tal enfoque, que se sustenta en la fe, no puede pasar por alto una exégesis histórico-crítica y un análisis literario del texto. Esto es evidente en el caso de un erudito bíblico cuyo papel en la

---

[63] *Ibid.*, 43.

[64] Basil M. Pennington, *Who Do You Say I Am? Meditations on Jesus' Questions in the Gospels* (New York: New City Press, 2005), 18.

[65] Schneiders, «Biblical Spirituality», 136.

[66] Thurston, «On Biblical Preaching», 78.

iglesia es precisamente estudiar el texto sagrado… [y] también para aquel que no sea un experto pero que quiere acercarse seriamente a Dios por medio del texto y por lo tanto debe hacer el esfuerzo necesario para entenderlo… requiere estar dispuesto no solamente a recibir apoyo sino también a ser cuestionado por aquel «otro» que nos desafía a la fidelidad en la vivencia de nuestra vocación cristiana y nos fortalece a hacerlo de maneras que son genuinamente sorprendentes.[67]

Tal vez el diálogo entre Jesús y Pedro, cuando muchos discípulos se alejaron ante la dificultad de sus enseñanzas, lo explica de mejor manera: «Así que Jesús les preguntó a los doce: ¿También ustedes quieren marcharse? —Señor —contestó Simón Pedro—, ¿a quién iremos? Tú tienes palabras de vida eterna» (Jn 6.67-69).

¿Cómo, entonces podemos utilizar nuestra creatividad de manera que se sincronice con el primer nivel de una exégesis seria? ¿Cómo se puede utilizar la creatividad de manera que los temores y sospechas mencionados anteriormente con respecto a la creatividad no aparezcan? ¿Cómo se puede facilitar el tipo de involucramiento que sugiere Merton? Wiersbe comenta que, aunque muchos libros tratan de temas exegéticos y hermenéuticos, «no explican el importante papel que juega la creatividad en unirlo todo para que podamos ver lo que el escritor está tratando de decir».[68] Peterson explica la tremenda contribución que juega la creatividad cuando nos ofrece una revelación más amplia: «La creatividad es la capacidad de hacer conexiones entre lo visible y lo invisible, entre el cielo y la tierra, entre el presente y el pasado, entre el presente y el futuro».[69] Peterson amplía esta tesis respecto a la manera en que la creatividad y la explicación deben trabajar de manera conjunta:

> La explicación fija las cosas para que podamos manejarlas y usarlas, esto es, obedecer y enseñar, ayudar y guiar. La creatividad nos revela las cosas para que podamos madurar, esto es, alabar y adorar, exclamar y honrar, seguir y confiar… la explicación

---

67 Schneiders, «Biblical Spirituality», 136.
68 Wiersbe, *Preaching and Teaching with Imagination*, 28–29, énfasis en el original.
69 Peterson, *Under the Unpredictable Plant*, 169.

> simplifica la vida a lo que puede usarse; la creatividad expande
> la vida a lo que puede adorarse.[70]

Continúa observando que «en la vida del evangelio... la creatividad y la explicación no pueden existir la una sin la otra».[71] Troeger ofrece un resumen breve del desafío y proporciona una respuesta útil: «¿Cuáles son, entonces, los principios para usar nuestra creatividad para que podamos recibir el *rúaj*, el Espíritu del Dios vivo? El principio primordial del cual todos los demás se derivan es que estemos atentos a lo que es».[72]

Una manera de facilitar la relación orgánica entre el estudio exegético y la creatividad, entre el primer y segundo nivel de lectura de la Palabra, entre la explicación y la creatividad, es meditar en la Biblia por medio de la *oración*. Quizá Burghardt lo expresa de mejor manera:

> Lutero estaba bien encaminado: Los comentarios académicos no son «más que una herramienta con la que construimos correctamente, de modo que podamos entender, saborear y obedecer la sencilla y pura palabra de Dios». La palabra que estudiamos exige que la *contemplemos*. Debemos «contemplarla con una mente tranquila». La Biblia no es el comentario que Blackstone escribió sobre la teoría de la relatividad de Einstein; es un libro cuyo contenido debe meditarse en oración».[73]

Así que necesitamos una forma de orar que nos permita meditar en la Palabra de una manera exegéticamente precisa y creativa. Esta investigación propone dos formas de oración que acogen y responden a los temas anteriormente mencionados: *la lectura orante y la reflexión espiritual.*

Guillermo de San Thierry escribió respecto a *la lectura orante* en el siglo XII y nos ofreció una visión de la relación orgánica entre el trabajo exegético serio y la aplicación de la creatividad a la lectura y la

---

70 *Ibid.*, 171-172.
71 *Ibid.*, 172.
72 Troeger, *Imaging a Sermon*, 15.
73 Burghardt, *Preaching: The Art and the Craft*, 86–87, énfasis en el original.

oración respecto a la Biblia. Nos exhorta a leer los diversos géneros de la Palabra con el mismo espíritu con el que fueron escritos:

> Nunca llegarás a entender a Pablo hasta que lo leas con atención y continua reflexión, y así te empapes de su espíritu. Nunca llegarás a entender a David hasta que, por experiencia propia, te des cuenta del significado de los salmos. Y lo mismo ocurre con el resto. En cada porción de la Biblia, la verdadera atención es tan distinta a una simple lectura, como lo es la amistad del entretenimiento, o el afecto de un amigo al saludo casual de conocidos.[74]

Las consecuencias de la exhortación de Guillermo de San Thierry y la tradición a la cual él representa es «desarrollar una afinidad mental con la Biblia y conscientemente evitar todo lo que adormezca nuestro sentido de la realidad… Si empezamos por confiar en nuestra creatividad, debemos confiar en aquello a lo que, en imágenes y metáforas, nos guía».[75] Ello requiere confianza en que se puede alcanzar el primer nivel de comprensión, pero ese no es el significado final: la creatividad ahora es capaz de hacer su trabajo mediante la oración. *La lectura orante* y *la reflexión espiritual* dependen de nuestra inmersión en la Biblia que tenemos a mano y acuden a la creatividad. Mientras que estos tipos de oración fueron desarrollados especialmente en la Edad Media (*lectura orante* en el siglo XII) y a inicios del Período Moderno (*la reflexión espiritual* en el siglo XVI), su aparición, desarrollo y uso en los siglos anteriores y su uso posterior en los siglos XII y XVI demuestran una extraordinaria pertinencia y aplicabilidad a todas las épocas. Representan especialmente una respuesta práctica a problemas contemporáneos en la predicación. Por ejemplo, en el siglo XII, *la lectura orante* ganó popularidad en una época marcada por «el triste efecto de una espiritualidad aislada de una reflexión teológica y una teología privada de misterio».[76] Tal descripción es preocupante y muestra con precisión las características del cristianismo occidental contemporáneo

---

[74] Cita de Guillermo de San Thierry en Squire, *Asking the Fathers*, 124.

[75] Squire, *Asking the Fathers*, 126.

[76] Keith J. Egan, «Guigo II: The Theology of the Contemplative Life», en *The Spirituality of Western Christendom*, ed. E. Rozanne Elder (Kalamazoo, MI: Cistercian, 1976), 109.

y, específicamente, la predicación. Por otro lado, *la reflexión espiritual* ofrece perspectivas interesantes para los predicadores de hoy en día. Brackley describe el enfoque de Ignacio de Loyola como revolucionario: Siendo «hijo de su época, también la trascendió. Incluso trasciende la nuestra».[77] En 1966, Karl Rahner escribió que la espiritualidad ignaciana «no es típica de nuestro tiempo; no es característica de la era moderna que se acerca a su fin. Es, más bien, una señal del futuro inminente».[78] Esta investigación logró echarle un vistazo al futuro que Rahner predijo; en el capítulo 4 describiremos estos hallazgos.

En una publicación posterior, Rahner habla más sobre el futuro: «El cristiano del futuro será un místico o no existirá del todo».[79] Endean nos ofrece una explicación muy útil de la advertencia de Rahner, con la intención de revelar el significado de su teología: «El creyente del mañana será un místico, esto es, alguien que ha "experimentado" algo, o dejará del todo en ser un creyente».[80] Endean explica que la «experiencia» será la gracia que tendrá que demostrar su pertinencia en el mundo. El uso de *la lectura orante* y *la reflexión espiritual*, con su capacidad para facilitar una relación integral entre el trabajo exegético y la creatividad, proveen los medios necesarios para el tipo de misticismo y experiencia que describe Rahner. Ambas disciplinas ofrecen la promesa de reintroducir en la humanidad la experiencia y el sentido de admiración, cuya pérdida lamentó D. H. Lawrence,[81] y que pueden contribuir a la recuperación de la creatividad, cuya exhortación Peterson ofrece.[82]

En otro lugar, Rahner discute la tensión entre un conocimiento sistemático y conceptual de Dios y una «relación primordial»[83] con él. Su descripción establece el contexto que precede al estudio y al

---

[77] Dean Brackley, *The Call to Discernment in Troubled Times: New Perspectives on the Transformative Wisdom of Ignatius of Loyola* (New York: Crossroad, 2004), 6.

[78] Cita de Karl Rahner contenida en Brackley, *Call to Discernment*, 6.

[79] Karl Rahner, *The Spirituality of the Church of the Future* (sin datos de publicación, 1981), 149.

[80] Philip Endean, *Karl Rahner and Ignatian Spirituality* (Oxford: Oxford University Press, 2001), 63.

[81] Squire, *Asking the Fathers*.

[82] Peterson, *Under the Unpredictable Plant*.

[83] Karl Rahner, *The Practice of Faith* (New York: Crossroad, 1986), 63.

indispensable «diálogo radical» con la Biblia,[84] y la presencia divina antes de que se lleven a cabo el primer y segundo nivel de entendimiento de la Biblia. Al respecto, escribe: «Quédate quieto de una vez por todas. No intentes pensar en tantas cosas complejas y variadas. Permite que las realidades más profundas del espíritu salgan a la superficie: el silencio, el miedo, el inefable anhelo por la verdad, por el amor, por la comunión, por Dios».[85] Rahner esencialmente nos recuerda la importancia suprema de Dios *antes de* cualquier trabajo teológico, la oración o la meditación; «Nosotros amamos porque él nos amó primero» (1Jn 4.19). Rahner explica el contexto en el cual todo estudio y relación con la Biblia suceden: en presencia de un Dios trascendente e inmanente. Sin tal apreciación y experiencia, Rahner afirma que el resultado es una falta de credibilidad en el intento por conectarse con la sociedad contemporánea en nombre de Dios, incluso por medio de la predicación. «Cuando a la piedad la dirigen solamente una inteligencia y una serie de conceptos ingenuos, seguidos de afirmaciones teológicas altamente complicadas, se trata en realidad de una piedad falsa, no importa cuán profunda parezca».[86]

Goldingay[87] ofrece un comentario complementario al de Rahner, esto es, que la era posmoderna nos brinda la oportunidad de reconsiderar la interpretación de la Biblia. Al examinar las características de la interpretación bíblica premoderna, moderna y posmoderna, Goldingay describe no solo el panorama de la erudición bíblica actual, sino también la manera en que los cristianos han aplicado la Biblia a sus vidas cotidianas. Cada era tiene sus propios matices y limitaciones respecto al tratamiento de la Biblia:

> Respecto a la manera en que el texto bíblico se comunica con sus lectores, la premodernidad y la modernidad presuponen respectivamente dos acercamientos muy distintos respecto a ello. . . La premodernidad suponía que el camino hacia una buena interpretación era dar por sentado que el texto habla a

---

84 Merton, *Opening the Bible*, 34.
85 Rahner, *The Practice of Faith*, 63.
86 *Ibid.*
87 John Goldingay, *An Ignatian Approach to Reading the Old Testament* (Cambridge: Grove, 2002).

nuestras preocupaciones presentes. Luego descubrió que así era, pero dicho enfoque se limitaba a ver dónde el texto era pertinente y esto no le permitió ampliar su panorama para ver cuáles eran las verdaderas preocupaciones del texto. La modernidad presupuso que el verdadero camino hacia la buena interpretación era dejar de lado nuestras preocupaciones para centrarnos en el texto, pero surgieron problemas con esta práctica… El texto buscaba alimentar el entendimiento propio de la comunidad recordándole la participación de Dios en ella, pero a la modernidad le preocupaban las preguntas históricas que ingenuamente trataba como si fueran las preocupaciones del texto bíblico. Jamás pudo entender los propósitos del texto.[88]

Goldingay añade que, a pesar de ello, la interpretación premoderna es la que predomina en la iglesia. Es evidente que, cuando se trata de abordar el texto bíblico, existe una especie de «seleccionar lo que más conviene» en una amplia gama de contextos cristianos, desde documentos ecuménicos, a predicaciones y guías de carácter personal. La era posmoderna actual nos ofrece la oportunidad de tomar lo mejor de los enfoques premoderno, moderno y posmoderno respecto a la interpretación, y ofrece una solución práctica frente a los retos articulados por los escritores mencionados. El compromiso posmoderno al género narrativo, más la solidez de la interpretación moderna respecto a guardar la suficiente distancia para salvaguardar la integridad del texto, y la inmediatez de la interpretación premoderna que afirma con certidumbre que Dios habla directamente por medio del texto (a veces independientemente de su contexto histórico) prometen una buena oportunidad. «Las tradiciones cristianas anteriores a la Reforma, y especialmente las iglesias orientales, nunca han perdido de vista la "fuerza vital" de la Biblia, y tal vez esta sea la dirección hacia la cual las iglesias posteriores a la Reforma deban dirigirse».[89] Ramsey destila estos problemas a un simple y obvio punto y al hacerlo contribuye a que entendamos esta oportunidad que tenemos hoy en día:

---

[88] Goldingay, «Premodern, Modern, and Postmodern», 19.
[89] Thurston, «On Biblical Preaching», 74.

Nosotros, hijos e hijas de una era más racional, no nos sentimos tan a gusto con la lógica de los santos padres, una lógica que no progresa: mayor, menor y conclusión, un punto tras otro. Más bien, un pensamiento, una imagen, el color de una palabra nos dirige a la otra... ¿y no es así como ocurre cuando estamos sentados con un amigo conversando? Una idea lleva a la otra, un pensamiento crea otro, imagen tras imagen evoca distintas memorias y datos. Por lo general no nos preocupamos demasiado de la lógica secuencial de nuestra conversación. Pero es muy satisfactorio porque no se queda en la mente, también evoca a la creatividad, la memoria y la emoción, y se aloja en el corazón.[90]

La lectura orante y *la reflexión espiritual* se presentan a esta era como veteranas que suplen a cristianos los medios necesarios para interpretar el texto bíblico a lo largo del tiempo y escuchar la voz de Dios. Rinden honor a Dios y le dan importancia suprema; rinden honor a los dos niveles de entendimiento a la hora de estudiar y leer la Biblia; y, como resultado de ello, promueven el uso piadoso de la creatividad.

Los desafíos que *la lectura orante* y *la reflexión espiritual* enfrentan no son muy distintos a los que hemos discutido previamente cuando reflexionábamos respecto a cómo relacionarnos con la Biblia después del primer nivel de entendimiento. Un hecho que debemos tomar en cuenta es que el arquitecto de *la lectura orante*, Guigo II, vivió durante la aparición de la escolástica en el siglo XII. Con el desarrollo de su *lectura orante*, Guigo II reconocía el nuevo dominio de la razón, pero al mismo tiempo, respetó el legado de *la lectura orante* desde la era patrística.[91] Por tanto, los elementos de *la lectura orante* contienen un matiz racional, pero también promueven la espiritualidad:

En su definición de la *lectura*, Guigo se refiere a una investigación muy cuidadosa de la Biblia a partir del uso de la mente... Entiende la *meditación* como la acción seria de la mente, que

---

90 Pennington, *Who Do You Say I Am?*, 18.
91 Egan, «Guigo II»; Russell, «Why Lectio Divina is Difficult».

> investiga el conocimiento de verdades ocultas frente al ímpetu
> de nuestra racionalidad... la *oración* la define en términos
> del corazón y la *contemplación* en términos del imaginario
> monástico tradicional respecto al gusto, pero mediante la
> elevación de la mente que se suspende ante Dios.[92]

Guigo utilizó alegorías de manera limitada y no se sentía cómodo cuando interpretaba el texto solo de manera literal, histórica y racional. Siempre que este fuera el caso, la contribución de Guigo ofreció un acercamiento que daba cabida a los distintos énfasis de importancia suprema para las interpretaciones históricas, tanto en ese entonces (siglo XII) como en el presente. Sus esquemas no distinguían el estudio y *la lectura orante*, pero desde el siglo XIII hacia adelante, debido a la cada vez mayor influencia de la escolástica, el Renacimiento y la Ilustración, apareció una separación entre ambas:

> Ciertamente reconocemos que necesitamos más que una
> perspectiva meramente académica del texto, de su contexto y
> autor humano, pero esta perspectiva personal o «sentimiento»
> debe ser considerada como un beneficio secundario y derivado.
> El aspecto intelectual y espiritual deben ocupar su respectivo
> lugar en distintos niveles de nuestro ser... Esta perspectiva
> errada respecto a la Biblia [que separa lo intelectual de lo
> espiritual]... es difícil de corregir porque el método histórico-
> crítico ha sido el guardián de la verdad de la Biblia por mucho
> tiempo.[93]

La sombra del legado del Renacimiento todavía se cierne sobre el estudio contemporáneo del texto y los matices de su significado, incluso el predominio de la metáfora en la Biblia no ha sido debidamente reconocido. «Leer la Biblia a partir de sus distintos niveles de significado nos libera de los grilletes del método histórico-crítico y nos permite tener lecturas fidedignas y creativas del texto».[94] Sin embargo, la recuperación de *la lectura orante* en su forma más pura

---

92 Egan, «Guigo II», 111–112.
93 Russell, «Why Lectio Divina is Difficult», 71.
94 Kathryn Green-McCreight citado en Thurston, «On Biblical Preaching», 70.

tiene el potencial de rejuvenecer el ministerio de predicación gracias a la creatividad y dependiendo del «estudio académico». Y así se logra liberarse del «dominio del método histórico critico» y promover «lecturas creativas y fidedignas».

De manera similar, Ignacio de Loyola desarrolló y estableció una forma de oración y la adaptó no solamente para su época (siglo xvi) sino como una eterna contribución para toda la iglesia. Mientras que en el periodo patrístico hubo poco esfuerzo y motivación para usar la creatividad al momento de meditar en la vida de Cristo según aparece en los Evangelios, en el siglo xi y xii esto cambió considerablemente:[95]

> ¿Cómo es que en Occidente, alrededor de los siglos xi y xii todo esto cambia? Primero, los límites de las emociones se expanden, y consecutivamente la creatividad... lee, por ejemplo, los escritos de San Agustín, San León y San Gregorio respecto a la Natividad y la Pasión, e inmediatamente después lee a San Bernardo, Guillermo de San Thierry, San Buenaventura, y sentirás la diferencia. Así como la contemplación de los primeros es hierática, doctrinal, ocupada especialmente con la vida divina, o con el cuerpo místico de Cristo en nosotros, los últimos se preocupan por la humanidad de Jesús, el hombre como nosotros, y ese es el pensamiento que los motiva.

Desde el siglo xiii, y durante los siguientes tres o cuatro siglos, el uso de la creatividad para abordar la Biblia adquirió pertinencia. Esto dio lugar a algunos resultados fantásticos e improbables. El trabajo de Ignacio fue un correctivo y buscó establecer una «verdadera base histórica»[96] mientras que se aprovechaba lo mejor de la tradición. Básicamente, Ignacio logró simplificar y aclarar la tradición e impuso un pragmatismo necesario.[97] «Porque Ignacio es más preciso que otros autores del siglo xii, y mucho más sencillo que los escritores del siglo xv».[98] De manera significativa, la obra de Ignacio sucedió durante el apogeo de la Reforma

---

[95] Alexandre Brou, *Ignatian Methods of Prayer* (Milwaukee: Bruce, 1949), 133.

[96] *Ibid.*, 137.

[97] Joseph de Guibert, *The Jesuits: Their Spiritual Doctrine and Practice – A Historical Study* (Chicago: Institute of Jesuit Sources, 1964).

[98] Brou, *Ignatian Methods of Prayer*, 11.

y la Contrarreforma, y todo lo que ello representaba en relación con el uso de la Biblia. Por ende, tanto Guigo como Ignacio establecieron piadosos enfoques respecto al estudio y manejo de la Biblia durante períodos de gran importancia histórica y cambios en la iglesia. Sus contribuciones y manejos de la Biblia resonaron con la cultura de aquel día y sin embargo esta no la llegó a dominar. *La lectura orante y la reflexión espiritual* retienen la integridad de la Biblia y la vida del Espíritu sin importar la época en la que se utilizan. Thurston escribe al respecto: «En la predicación bíblica comenzamos a remover las cadenas que nos atan, principalmente cuando ingresamos en la historia nosotros mismos, cuando participamos y no solo nos volvemos observadores de la historia divina de la salvación… Esta historia continua en nosotros, y en aquellos a los que la proclamamos, o no continua del todo».[99] *La lectura orante* y *la reflexión espiritual* hacen posible que se le otorgue a la historia viviente reverencia, dinamismo y una creatividad inspirada por el Espíritu.

Los predicadores de hoy viven en una época emocionante. La oportunidad de utilizar lo mejor del estudio histórico-crítico prosigue junto con el desafío de enriquecer su contenido cuando se redescubre el poder de la creatividad. Este capítulo ha ofrecido un panorama respecto a la sabiduría de teólogos y personajes espirituales a lo largo de los siglos respecto a cómo integrar el estudio exegético y la creatividad con el texto. En tiempos más recientes, hemos visto que los teólogos y escritores han renovado el llamado a comprometerse con la creatividad y la predicación. Han afirmado que la exégesis y la creatividad van juntas y que si falta una el que se perjudica es el pueblo de Dios. Esta revelación del problema y la propuesta de una solución profética es convincente. *La lectura orante y la reflexión espiritual* son agentes que juntos actúan como catalizadores de una exégesis seria y una participación creativa bajo la inspiración del Espíritu en torno a la Biblia. Lo genial de todo ello es que insiste en la importancia suprema de la Biblia y afirma depender del Espíritu que da forma a la creatividad. Mientras que ambas disciplinas de oración tienen siglos de antigüedad, no han sufrido el paso del tiempo y por ello ofrecen un camino a seguir para los predicadores del día de hoy. Sus antiguos

---

99 Thurston, «On Biblical Preaching», 80.

orígenes y su pertinencia contemporánea podrían parecer paradójicos. Sin embargo, ahora que nos concentraremos en estudiar su forma en su entorno original y su aplicabilidad para la actualidad, veremos su profunda contribución para la iglesia de hoy.

Capítulo 2

La lectura orante y la reflexión espiritual: antes y ahora

El nuevo practicante de *la lectura orante* y *la reflexión espiritual* se parece a los tres discípulos que ascendieron al monte de la transfiguración (Mr 9.2-8) o a los dos discípulos camino a Emaús (Lc 24.13-35). Lo que empieza como algo relativamente ordinario y familiar puede de repente volverse abrumador, fuera de toda lógica y sumamente revelador. El resultado de ese tipo de encuentro puede significar que se siga luchando con el misterio de Cristo (Mr 9.9-13) o que de forma inmediata se dé a conocer las noticias del Cristo resucitado (Lc 24.33-35). Para poder adaptarse a los posibles resultados de estos dos medios de oración, se requiere que prestemos atención a cuestiones clave en torno a *la lectura orante* y *la reflexión espiritual*. Estos asuntos incluyen la apreciación del origen de ambas formas de oración, de su fluidez y ritmos, de la manera en que leemos la Biblia cuando oramos de esta manera, y conocer los elementos que las componen. Se prestará atención primero a *la lectura orante* y luego a *la reflexión espiritual*.

La lectura orante

Para aquellos que no están familiarizados con *la lectura orante*, su presentación podría parecernos demasiado simplista. Aparenta contener cuatro sencillos pasos:

- *Lectura*: leer el texto en voz alta
- *Meditación*: rumiar el texto

- *Oración*: orar en respuesta al texto
- *Contemplación*: permanecer en el texto

Como lo mencioné en el capítulo 1, el autor de este esquema fue Guigo II, noveno prior del monasterio de la Gran Cartuja, en Francia. Se le atribuye a Guigo la forma presente de *la lectura orante*, aunque su uso lo precedió unos mil años.[1] Guigo escribió *Scala Claustralium* (La escalera de los monjes), y si bien describió los elementos de *la lectura orante* usando los cuatro peldaños de una escalera, no fue su intención convertirla en un proceso mecánico. Sus escritos reflejan la época en la que vivió, y la mejor aplicación de su trabajo la hizo San Juan de la Cruz, quien, refiriéndose a los cuatro peldaños, escribió: «Buscad leyendo y hallaréis meditando; llamad orando y abriros han contemplando».[2] Las palabras de San Juan de la Cruz encarnan la intención de Guigo de explicar que *la lectura orante* es causativa e íntegra. La interacción de su esquema entre la razón y el corazón, la secuencia y la integración, se manifiesta en el comentario del propio Guigo respecto a *la lectura orante*:

> Según lo que hemos estado diciendo podríamos concluir que leer sin meditar produce aridez. La meditación sin la lectura está sujeta al error. La oración sin la meditación es tibia. La meditación sin la oración no tiene fruto. La oración con devoción lleva a la contemplación, mientras que la contemplación sin meditación ocurre raramente o por medio de un milagro.[3]

Es importante relajarse con el fin de lograr que la mente y el corazón se integren a la hora de leer la Biblia, en vez de crear una dicotomía entre ellos. «Si leemos la Biblia y otros textos que unen el pensamiento con los sentimientos como se lee cualquier obra literaria, pausada y reflexivamente, estaremos cumpliendo con *la lectura orante*. No habrá nada artificial al respecto… No habrá necesidad, primero, de

---

1 Egan, «Guigo II»; Russell, «Why Lectio Divina is Difficult».

2 Nota del editor: El autor ha citado a San Juan de la Cruz según la traducción al inglés que ofrece Egan en «Guigo II», p. 108. Pero, qué irónico que se intente retraducir del inglés al castellano una cita que originalmente fuera escrita en castellano. Por ello, he incluido la cita original que aparece en sus *Dichos de amor y luz*, no. 157.

3 Citado en Casey, *Sacred Reading*, 62.

estudiar y luego leer espiritualmente».[4] *La lectura orante* facilita el diálogo y la relación con Dios, que es dinámica y no se sujeta a una fórmula fija.

Si se practica *la lectura orante* de una manera mecánica, se la domestica inconscientemente y el encuentro con Dios se reduce a un método. «*La lectura orante* es una forma disciplinada de devoción y no un método de estudio bíblico. Se la práctica para que simplemente uno pueda llegar a conocer a Dios, para llegar a su Palabra, para escuchar».[5] Peterson ofrece una advertencia similar:

> *La lectura orante* no es una técnica metodológica para leer la Biblia. Es una práctica que se cultiva, es un hábito que se desarrolla para *vivir* el texto en el nombre de Jesús. Este es el camino, el *único camino*, para que las sagradas Escrituras sean formativas en la iglesia cristiana y la misma sea sal y levadura en el mundo.[6]

Mientras que el estudiante de *la lectura orante* quizá necesite comenzar su aprendizaje prestando una cuidadosa atención a cada elemento, a su vez, necesita interiorizar que Dios está activo y presente.[7] *La lectura orante* proporciona al lector la oportunidad y las herramientas para esta lucha y búsqueda de Dios. Nos acercamos a *la lectura orante* con un deseo de Dios y descubrimos que «buscar puede ser más verdadero que encontrar» y que «la receptividad paciente puede servirnos más que una afanada urgencia por ser iluminados».[8] Así que, un enfoque mecánico, definido y secuencial de *la lectura orante*, para escuchar y hablar con Dios, consistiría en apropiarse indebidamente de esta forma de entregarse a la obra del Espíritu. El verdadero espíritu de *la lectura orante* se encuentra en su fluidez e integración.

Para valorar el carácter fundamental de *la lectura orante*, sus etapas se pueden entender como hebras de la misma cuerda o

---

4 Russell, «Why Lectio Divina is Difficult», 75.

5 Gabriel O'Donnell, «Reading for Holiness: Lectio Divina», en *Spiritual Traditions for the Contemporary Church*, ed. Robin Maas y Gabriel O'Donnell (Nashville: Abingdon, 1990), 47.

6 Peterson, *Eat This Book*, 116, énfasis en el original.

7 Mary C. Earle, «The Process of Lectio Divina», *The Lutheran* 16 (2003).

8 Casey, *Sacred Reading*, 8.

«distintas actitudes del mismo gesto».[9] También se la ha descrito como una danza folclórica, una espiral en trayectoria circular, como peligrosos elementos químicos que se combinan para crear una mezcla poderosa,[10] o como movimientos que van y vienen, se unen y se separan.[11] Asimismo, *la lectura orante* es un estilo de vida más que un método. «*La lectura orante* es un estilo de vida que se desarrolla "según la Biblia". No se trata sencillamente de una habilidad que ejercitamos cuando tenemos una Biblia abierta frente a nosotros, sino una vida congruente con la Palabra encarnada, de quien la Biblia dan testimonio».[12] Guigo consideraba que los cuatro peldaños de *la lectura orante* se funcionaban entre sí. Percibía que la *lectura* se prolongaba hasta convertirse en *meditación*, y de por sí se convertía en *oración*; y estos tres elementos funcionaban juntos para convertirse en *contemplación*.[13] El resultado no era un ejercicio de piedad, sino una vida en transformación: «En la verdadera práctica de *la lectura orante*, los cuatro elementos se fusionan. *La lectura orante* es una forma de leer que se convierte en una forma de vida».[14] Corrompemos el verdadero espíritu de *la lectura orante* al definirla como un simple método. Por lo tanto, en este libro, emplearemos alternativamente los términos «disciplina» y «práctica».

Una manera útil de entender esta disciplina quizá sea la más antigua, esto es, usar figuras gastronómicas. Se trata de una forma común que los monjes utilizaban para explicar la manera en que se relacionaban con la Biblia y sus efectos espirituales, y que se basa en el salmo 34.8: «Prueben y vean que el Señor es bueno». Teniendo en mente el pan y el vino de la santa cena, se «consumía» la Biblia para lograr un efecto similar:

> … vemos una letanía de sustantivos y verbos: «sabor», «nutrir», «consumir», «comida», «rumiar», «digerir», «saborear», «gusto», «masticar»… e incluso un término que algunas

---

9   Ernest J. Fiedler, «Lectio Divina: Devouring God's Word», *Liturgical Ministry* 5 (1996): 68.

10 Peterson, *Eat This Book*, 91.

11 Casey, *Sacred Reading*.

12 Peterson, *Eat This Book*, 318.

13 Fiedler, «Lectio Divina».

14 *Ibid.*, 68.

culturas consideran vulgar, «eructar». Los primeros escritores cristianos consideraron que todas estas palabras eran útiles para enseñarnos a aprender a orar la Biblia íntimamente, encontrando así que la palabra de Dios es alimento esencial para nuestra vida y crecimiento espiritual.[15]

La conexión entre probar literalmente el pan y el vino y la lectura de la Biblia consiste en que aquella nutrición nos hace más semejantes a Cristo. Específicamente, Guigo aplicó figuras gastronómicas a cada elemento de *la lectura orante*. La *lectura* representa la comida sólida; la *meditación* la mastica y la parte; la *oración* la saborea, y la *contemplación* disfruta de su sustento.[16] El resultado es querer más de esta comida divina. En efecto, la práctica de *la lectura orante* no solamente tiene valor nutritivo; ese tipo de comida también tiene un efecto medicinal. *La lectura orante* puede tocar el alma moribunda que ya no puede alimentarse por sí misma y lleva las cargas y las aflicciones de la vida. Para aquel que experimenta la «piedad vacía»,[17] con todos los problemas de culpa que ello conlleva, *la lectura orante* es un tónico: una de las formas más efectivas de regresar después de haber experimentado una sequía de la Palabra.

La lectura

Este paso, que llamamos *lectura*, debe comenzar con oración. Después se elige un pasaje de la Biblia para que sea el objetivo de *la lectura orante*. Se prefiere elegir un breve pasaje de la Biblia ya que la oración debe interrumpir constantemente todo el proceso.[18] La oración es el lenguaje; los cuatro elementos de *la lectura orante* son tan solo variaciones de los temas de conversación que ocurren durante la oración:

> Básicamente, lo característico del ambiente de oración es el que logra penetrar cada aspecto de la lectura sagrada. La oración no

---

[15] Fiedler, «Lectio Divina», 67.
[16] Egan, «Guigo II».
[17] Casey, *Sacred Reading*, 31.
[18] Adalbert de Vogue, *The Rule of Saint Benedict: A Doctrinal and Spiritual Commentary* (Kalamazoo: Cistercian, 1983); Fiedler, «Lectio Divina».

nace repentinamente en la tercera etapa. Más bien, la oración nos acompaña mientras abrimos el libro y calmamos nuestra mente, a medida que leemos sus páginas y reflexionamos sobre su significado. La oración es el significado de *la lectura orante*; por ello, a veces se dice que el ejercicio de la lectura sagrada es una técnica de oración.[19]

Lo que un instrumento musical es para las partituras, la oración lo es para *la lectura orante*. Desligar cualquier etapa de *la lectura orante* de la oración es como leer música sin tocar un instrumento musical en reacción a ella. Como mínimo, cuando la persona participa de los cuatro movimientos de *la lectura orante*, aquella debería tararear en actitud de oración junto con la música que esta ofrece.

Una vez que se elige el texto, la persona empieza a leer lentamente en voz alta y de manera atenta, tal como se leería una poesía. El propósito es escuchar una palabra o frase en particular que capte nuestra atención. Ello puede ocurrir durante la primera oración que se lee o después de varias lecturas. «Si el texto nos dirige a una auténtica comunicación con Dios, cuan lejos avancemos en el texto es menos importante que cuán abiertos estemos al poder y mensaje del texto».[20] *La lectura orante* depende de un ritmo de lectura pausada, cuidadosa y atenta. Tal estilo de lectura puede parecernos ilógico y difícil en medio del ajetreo y las presiones del ministerio pastoral. Por lo tanto, vale la pena apreciar la manera en que se leía la Biblia por medio de *la lectura orante* hace siglos atrás.

Cuando se empleaba *la lectura orante* en la antigüedad, la gente no solía leer como lo hacemos ahora, en silencio y mentalmente.[21] Se leía el texto en voz alta y, por ende, la gente lo escuchaba. «Uno lee, según el significado más antiguo del término, con la boca y los oídos».[22] En la antigüedad, la lectura del texto se recibía mayormente por los sentidos

---

[19] Casey, *Sacred Reading*, 61.
[20] O'Donnell, «Reading for Holiness», 48.
[21] O'Donnell, «Reading for Holiness»; Fiedler, «Lectio Divina»; Basil M. Pennington, *Lectio Divina: Renewing the Ancient Practice of Praying the Scriptures* (New York: Crossroad, 1998); Elizabeth Canham, *Praying the Bible*, 2nd ed. (Cincinnati: Forward Movement, 2001); Russell, «Why Lectio Divina is Difficult».
[22] O'Donnell, «Reading for Holiness», 46.

de la voz y el oído, más que por la vista. «*La lectura orante* era el arte de escuchar».[23] Entonces, es necesario un cambio de paradigma para poder darnos cuenta de que, mayormente, el lenguaje se debe escuchar más que leerse con la vista. La palabra escrita es «un discurso congelado»[24] pero si bien la letra mata, el Espíritu da vida (2Co 3.6). «Debemos recordar que la Biblia (cuyo contenido creemos que se debe *leer*) fue originalmente un conjunto de tradiciones orales, cuyo propósito fue *recitarlas y escucharlas por un grupo particularmente acostumbrado a su mensaje*».[25] *La lectura orante* es un medio por el cual el Espíritu sopla aliento de vida a la «letra» en sintonía con la voz humana y le da calidez a esta última.[26]

«La *lectura* es escuchar la presentación de una persona».[27] Cuando se lee el texto en voz alta, el lector se convierte en el que proclama y oye la Palabra de Dios.[28] La interacción bíblica entre *rúaj* (espíritu/aliento) y *dabar* (palabra/hecho), que comienza en Génesis 1 y se demuestra maravillosamente en la visión de Ezequiel (Ez 37.4-14), se hace presente en el momento de la lectura, la verbalización y el recibimiento de la Palabra de Dios. Esto no elimina la necesidad de hacer exégesis o recordar que la Palabra de Dios no fue escrita en español. Sin embargo, leer en voz alta debe, en algún momento, revivir la experiencia y la intimidad de la relación entre *rúaj* y *dabar*:

> Por tanto, para los israelitas, el aliento, que es el fundamento de la «palabra», aquel sonido que nace del contacto interpersonal tenía una cualidad dinámica que comunicaba, animaba y daba vida. La palabra hablada [*dabar*] que dependía de *rúaj* era el medio para esta comunicación. *Dabar* también era una actividad que poseía influyentes cualidades comunicativas y dinámicas. En resumen, cada *dabar* era una «palabra-acción» … el trasfondo bíblico de *rúaj* y *dabar* es la base para que valoremos la «Palabra de Dios», la cual celebramos y proclamamos en

---

[23] Vincent Dwyer, «Many Paths to Prayer: Lectio Divina», consultada en enero de 2015 en http://www.jesuits.ca/orientations/dwyer.html#transcription.

[24] Russell, «Why Lectio Divina is Difficult», 67.

[25] O'Donnell, «Reading for Holiness», 46.

[26] Russell, «Why Lectio Divina is Difficult».

[27] Pennington, Lectio Divina, 4.

[28] O'Donnell, «Reading for Holiness».

nuestras liturgias. La Palabra de Dios se dirige a la comunidad bautizada de hermanas y hermanos de Jesús. La Palabra anima; es capaz de impactar, cambiar, vivificar y unir.[29]

Por lo tanto, la simple disciplina de leer la Biblia en voz alta recuerda al lector que la Palabra de Dios no es papel y tinta, sino la Divinidad que obra en un mundo de carne y hueso. Así *la lectura orante* facilita la promesa de Cristo, la cual se hace especialmente evidente en Juan 8.31, 14.23 y 15.7: la relación mutua entre permanecer en la Palabra y que Dios permanece con el discípulo.[30] Así que el primer elemento de *la lectura orante* no consiste sencillamente en familiarizarse con el texto por tratar. Por medio de la voz humana y el oído, la voz de Dios comienza a surtir efecto. La Palabra se recibe literalmente por el oír, y el discípulo se prepara para la *meditación*.

La meditación

La *meditación* es el aspecto de *la lectura orante* que surge cuando una palabra o frase nos llama la atención durante la *lectura*. Como veremos luego, la *meditación* puede ocurrir con la Biblia en mano o mientras continuamos con nuestras actividades diarias. Ambas maneras pueden producir buenos resultados:

> En este momento tu interés se ubica en el presente: ¿En qué circunstancias sucede o «se cumple» este texto en tu vida y en el mundo? Encontrarás la respuesta a esta pregunta de una manera natural y espontánea. Puede ser que alguna parte del texto te recuerde algo de tu propia experiencia, o que parte de tu experiencia te recuerde al texto.[31]

La clave de la *meditación* es reflexionar, cuestionarse y luchar con la palabra o frase utilizando preguntas como las siguientes: ¿Por qué de todas las palabras que he leído esta me llamó la atención? ¿Qué es lo que hace que esta palabra sea atractiva, que me desafíe, que

---

29 Michael Trainor, «Towards a Parish Spirituality of the Word of God», *Compass* 42, no. 4 (2008): sin número de página.

30 O'Donnell, «Reading for Holiness»; Fiedler, «Lectio Divina»; Dillon, «Lectio Divina».

31 Michel de Verteuil, «Lectio Divina», *Dominican Biblical Institute*, consultada el 3 de junio de 2009 en http://www.dbclimerick.ie/lectiodivina.php.

me cause una disyuntiva o me ofrezca consolación? O incluso, ¿qué sentimientos experimento a partir de esta palabra? La *meditación* nos da la oportunidad de leer el texto y responder seriamente. Además de las preguntas anteriormente mencionadas, puede ser útil considerar los distintos contextos en los que el significado del texto puede aplicarse. De Verteuil describe cinco niveles en los que un texto puede ser pertinente: entre Dios y el individuo, entre personas, dentro de una persona, entre una comunidad menor y otra mayor, y en la creación. Este patrón es especialmente útil dado que la actual investigación tiene en mente la creación de un sermón a partir de *la lectura orante*. Si un predicador utiliza estos cinco niveles en su *meditación* podrá también concentrarse en su congregación y el mensaje de Dios para ellos.

Sin embargo, hay cierta confusión en torno al término. Algunos lo relacionan con prácticas de meditación no cristianas y esto podría parecer que contradice el discipulado cristiano. Sin embargo, en el primer siglo de la historia de la iglesia, la meditación significaba recibir palabra directa de parte de la *lectura* o de un dirigente espiritual y nutrirse de ella.[32] No se trataba de un ejercicio meramente mental, sino que uno podía enfocarse también en sus emociones. Así que, en esta etapa de *la lectura orante*, «idealmente se busca una esquina silenciosa para poder repetir el texto… al repetirlo podremos «rumiar», reflexionar, y encontrar reposo en él,[33] o podemos llevar aquella palabra a dondequiera que vayamos.[34] En la tradición y el consejo de San Benito esto significaría continuar con la *meditación* durante el resto del día, en el trabajo y durante nuestras responsabilidades.[35] La manera en que los monásticos vivían sus vidas cotidianas era *ora, trabaja y lee*. Al aplicar esto al ritmo de *la lectura orante* hoy en día, quizá sea útil practicar *ora, trabaja, lee y medita*.[36] Como con la *lectura*, la *meditación* no significa necesariamente un ejercicio interno y silencioso. También puede significar verbalizar el texto.[37] El propósito

---

[32] Pennington, *Lectio Divina*.
[33] O'Donnell, «Reading for Holiness», 47.
[34] Pennington, *Lectio Divina*.
[35] De Vogue, *The Rule of Saint Benedict*; Canham, *Praying the Bible*.
[36] De Vogue, *The Rule of Saint Benedict*.
[37] *Ibid.*

es lograr que la Palabra nos forme y cambie. La *meditación*, en este sentido, no es un ejercicio que nos conduce a la transcendencia, sino a la encarnación. «*La lectura orante* es una expresión de mi búsqueda de Dios: la lectura sagrada puede ser «exitosa» solo si causa que baje mis mecanismos de defensas y permita que Dios toque mi corazón y cambie mi vida».[38] Por esta razón, en el contexto de esta investigación, la primera persona impactada será el predicador.

A estas alturas de *la lectura orante* es importante mencionar algo sobre la presencia de distracciones. Estas se pueden presentar en un sinnúmero de maneras: ruidos (externo e interno), recuerdos, soñar despierto, cansancio, prisas, etc. Cuando aparezcan esta clase de distracciones aconsejamos que «*regreses a la Palabra*, sigas leyendo un poco más. Utiliza la Palabra de Dios como tu defensa y guía. No luches contra el diablo; no luches contigo mismo. De ello se encargará Dios».[39] Además, «la meditación no está libre de distracciones. Vuelve entonces a la lectura. Concéntrate en las palabras claves».[40] Como dijimos anteriormente, la verbalización de la palabra o frase también puede mejorar la concentración, la atención y el sentido de la presencia y la obra de Dios mientras practicamos *la lectura orante*.[41] Las distracciones que todos sufrían durante la oración hizo que surgiera la necesidad de tener una manera definida de orar y el esquema de Guigo logró ser, hasta cierto punto, una respuesta a ello.[42] Ya en el siglo v, Juan Casiano describió fuertemente el problema de las distracciones en la oración y buscó algo que pudiera «frenar la inquietud de aquellos sentimientos que van y vienen, y lograr dominarlos».[43] Casiano escribe además: «Si caemos en esta confusión es porque obviamente no tenemos algo listo ante nuestros ojos, algo así como una fórmula para que nuestros pensamientos errantes puedan recordar su camino, una especie de puerto seguro donde puedan descansar después de la furia de la tormenta».[44] Así

---

38 Casey, *Sacred Reading*, 62.
39 O'Donnell, «Reading for Holiness», 47, enfasis en el original.
40 P. Bernado Olivera, citado en Pennington, *Lectio Divina*, 160.
41 Fiedler, «Lectio Divina».
42 Brou, *Ignatian Methods of Prayer*.
43 Juan Casiano citado en Brou, *Ignatian Methods of Prayer*, 2.
44 Juan Casiano citado en Brou, *Ignatian Methods of Prayer*, 2.

que, *la lectura orante* y *la reflexión espiritual* sirven para desbaratar las distracciones que suelen aparecer en oraciones contemplativas menos estructuradas.

Así como la verdadera *lectura* requiere que prestemos atención a partes de la Palabra en su contexto, así «la meditación es el aspecto de la lectura espiritual que nos entrena a leer la Palabra como un todo conectado y coherente, no como una colección de partes y pedazos inspirados».[45] Entonces, reflexionamos, cuestionamos, meditamos, exploramos y examinamos la palabra o frase que logró captar nuestra atención durante la *lectura*.

La creatividad entrará en juego cuando el texto empiece a dirigirla y moldearla.[46] «La *meditación* se vale de la creatividad para que logremos acercarnos al texto».[47] Sin embargo, la *meditación* no debe servir de ocasión para inventarnos pensamientos y visiones ficticias, sino que debe servir para que la realidad y el peso de la historia de Dios recaiga sobre nosotros. La *meditación* es estar atento a lo que Dios ha hecho en Cristo y los medios por los cuales, mediante su Espíritu, nos exige una respuesta de discípulo. «Ningún texto puede entenderse fuera de su contexto. El contexto más "completo" es Jesús. Cada texto bíblico debe leerse en la presencia viva de Jesús... La meditación discierne las conexiones y escucha las armonías que convergen en Jesús».[48] La meditación es el momento cuando un observador del texto se convierte en participante junto a Dios bajo la dirección de la Palabra. En la *meditación* el significado del texto se vuelve más claro, al igual que es la manera más adecuada de responder a Dios.

La oración

A partir de *la meditación,* empieza a surgir una respuesta. Si bien la oración es un elemento constante durante todas las etapas de *la lectura orante*, la *oración* en sí constituye una etapa a la que dedicamos nuestra atención. Tal respuesta puede ser de intercesión, agradecimiento, arrepentimiento, adoración, compromiso o decisión. Esta oración surge

---

45 Peterson, *Eat This Book*, 101.
46 O'Donnell, «Reading for Holiness».
47 Peterson, *Eat This Book*, 101.
48 *Ibid.*, 102.

no solamente desde nuestros corazones, sino también del contexto de la Palabra que hemos estado meditando:

> La Biblia que hemos leído y orado constituye nuestro acceso principal y normativo a Dios a medida que él se nos revela. Recurrimos a la Biblia para aprender el lenguaje del alma y las maneras en las que Dios nos habla; ellas también nos ofrecen el vocabulario y la gramática necesarios para hablar con Dios. Aquella oración que se desliga de la Biblia, del oír a Dios y del mensaje que él tiene para nosotros, se desvía del lenguaje relacional que constituye la oración.[49]

En su totalidad, *la lectura orante* no consiste sencillamente en leer la Biblia, es más bien orar *con* la Biblia.[50] La idea clave que debemos captar en la *oración* es, dada la diversidad y honestidad en los Salmos, que cualquier respuesta a Dios es adecuada. Luchar con Dios (Gn 32.22-32; Sal 22) es tan digno como la oración más elaborada y poética (Sal 8).

La *oración*, como lugar de decisión y respuesta, es un cruce de caminos porque delante de ella se encuentra la *contemplación* y la disposición a saber esperar en Dios para recibir orientación y saber cómo encarnar el evangelio en el mundo. El contenido de la *oración* determina la substancia y resultado de este ejercicio. «*La lectura orante* ha sido descrita como una oración que comienza como un "dialogo" y termina como un "dúo". Entonces, lo que comienza con Dios que nos habla y nuestra respuesta, termina en última instancia siendo una experiencia de unión».[51] La *oración* es también un lugar de integridad. *La lectura orante* es también el proceso en el cual la persona que ora se alinea con los propósitos de Dios. «El mayor determinante para la *oración* o la *lectura* es nuestra fidelidad cuando buscamos a Dios en todo momento. No vale la pena ser fervientes lectores y flojos a la hora de vivir.[52] La *oración* es el lugar donde deliberadamente respondemos a Dios de la manera más adecuada. Puede ser desde un lugar donde hay

---

49 Ibid., 104.
50 Fiedler, «Lectio Divina».
51 O'Donnell, «Reading for Holiness», 48.
52 Casey, *Sacred Reading*, 9.

mucha tentación, como en el jardín del Edén (Gn 3); o de profundas luchas, como en Getsemaní (Mt 26); o de puro gozo afuera del sepulcro (Jn 20). Lo que sucede en la *oración*, por lo menos hasta cierto grado, impactará la *contemplación*.

La contemplación

Pennington[53] ha investigado la etimología de la palabra «contemplación». Los elementos de la palabra incluyen antigua terminología romana respecto a una parte de los cielos por donde la voluntad de los dioses podía discernirse, un sentido de comunión y un estado de permanencia. Pennington llega a la siguiente definición de contemplación: «permanecer con Dios en su templo».[54] La *contemplación*, entonces, significa descansar y estar con Dios experimentando una sensación más fuerte de su presencia. Gracias al efecto combinado de haber prestado atención a la *lectura*, la *meditación* y la *oración*, logramos alcanzar un estado de conciencia de Dios. Esta etapa de *la lectura orante* es la que depende más de los dones y la gracia de Dios. «La contemplación jamás podrá verse como el resultado de un proceso. Sigue siendo un don de Dios que no se asocia automáticamente con actos humanos en particular».[55] Podemos usar dos historias del evangelio como analogías: la *contemplación* es el momento en que la nube aparece en el monte de la Transfiguración, como también el momento en el que los dos discípulos camino a Emaús se dan cuenta de que Jesús era quien partía el pan con ellos.

La mejor manera de ver la *contemplación* es por medio de la pespectiva de la encarnación (Jn 1.14): «Y el Verbo se hizo hombre y habitó [σκηνόω] entre nosotros. Y hemos contemplado su gloria, la gloria que corresponde al Hijo unigénito del Padre, lleno de gracia y de verdad». La *contemplación* es palabra y acción a la misma vez y tiene el sentido de permanecer en el contexto de un templo o tabernáculo (σκηνόω); ese templo es Cristo y la vida humana. El efecto no es dejar el mundo sino involucrarse íntimamente en él:

---

[53] Pennington, *Lectio Divina*.
[54] *Ibid.*, 65.
[55] Casey, *Sacred Reading*, 59.

> La contemplación no es una categoría elitista del cristianismo… la contemplación en el contexto de *la lectura orante* señala que se reconoce una unión orgánica entre la palabra que se «lee» y la palabra que se «vive». Una vida contemplativa es la realización de que la Palabra que estaba en el principio es también el Verbo hecho carne y continúa siendo el Verbo al que yo digo: *Fiat mihi:* «Hágase en mí según tu Palabra».[56]

La *contemplación* es aquel momento en el que una vez más nos enfrentamos con la encarnación y permanecemos con Cristo, así como él permanece en el mundo (Jn 17.24). «No hay, entonces, una medida objetiva de éxito o fracaso en la práctica de *la lectura orante.* El lector siempre se está moviendo entre aguas inexploradas, un encuentro personal con la Palabra».[57] Por lo tanto, no puede haber una descripción precisa que prepare a una persona para lo que podría suceder en la *contemplación* y mucho menos en *la lectura orante* en su conjunto. Dios es soberano y su Espíritu se mueve como corresponde (Jn 3.8).

La reflexión espiritual tiene algunas similitudes con *la lectura orante* como, por ejemplo, el énfasis en leer atentamente la Biblia, un encuentro personal con la misma y el compromiso contemplativo de oración que lo condimenta todo. Sin embargo, *la reflexión espiritual* aporta algo único al enfatizar que por medio de la oración la persona se transporta a la escena del evangelio como si estuviese allí, y eso es lo que ahora consideraremos en la segunda mitad de este capítulo.[58]

La reflexión espiritual

Antes de explicar los detalles de *la reflexión espiritual,* es necesario que ofrezca algunas observaciones introductorias para orientar al predicador respecto al contexto en el que surgió esta oración. Mientras

---

56 Peterson, *Eat This Book,* 113–114, énfasis en el original.

57 O'Donnell, «Reading for Holiness», 49-50.

58 Si bien la *reflexión espiritual* se concibió para orar el testimonio de los evangelios, puede usarse con cualquier sección narrativa de la Biblia. Por ello, como se verá en los capítulos 3-5, en esta investigación habrá ocasiones donde se apreciarán oraciones en torno al Antiguo Testamento por medio de la *reflexión espiritual.*

que *la lectura orante* es un método que se concentra en la lectura y la oración de la Biblia, *la reflexión espiritual* es solo un aspecto del retiro ignaciano de treinta días, conocido como Ejercicios espirituales.[59] Los Ejercicios fueron concebidos a partir de la conversión de Ignacio de Loyola y su desarrollo espiritual. Primeramente, Ignacio de Loyola recibió mucha influencia de su lectura de *La vida de Cristo,* cuyo autor fue Ludolfo de Sajonia, de *Flos Sanctorum* (la vida de los santos) por Jacobo de Voragine y por *La imitación de Cristo,* de Thomas à Kempis.[60] Sin embargo, se cree que la siguiente cita de un franciscano desconocido, que aparece en el prefacio del libro de Ludolfo, es la fuente de donde Ignacio incorporó la creatividad en la oración:

> Si deseas sacar provecho de estas meditaciones, deja de lado todas tus preocupaciones y ansiedades. Con amor y contemplación, y con todos los sentimientos de tu corazón, piensa en todo lo que el Señor Jesús dijo e hizo, como si lo estuvieras escuchando con tus oídos y viéndolo con tus ojos… E incluso si todo ello se expresa en tiempo pasado, debes contemplarlo como si estuviese sucediendo el día de hoy.[61]

El trabajo de Ludolfo se basó en aquello y proporcionó una forma de oración contemplativa donde el lector se posicionaba como si realmente estuviera presente en los tiempos de Cristo. Otros modos de oración que se encuentran en los Ejercicios tuvieron sus comienzos en diversas obras de los siglos XIII y XV. De hecho, lo que Guigo representa para *la lectura orante,* Ignacio de Loyola lo es para la reflexión espiritual de los Evangelios: logró crear un esquema y un contexto para su uso. Los ejercicios posteriormente formaron el entrenamiento inicial para la orden que Ignacio estableció: la Sociedad de Jesús (los jesuitas). Los ejercicios están estructurados a partir de cuatro semanas, durante las cuales se contempla la vida de Cristo descrita en los evangelios. Cada «semana» no es necesariamente un periodo de siete días: su duración depende del progreso de la persona. No importa cuán precipitado uno

---

59 Para los propósitos de este estudio, a los Ejercicios espirituales los llamaremos los Ejercicios.

60 De Guibert, *The Jesuits.*

61 Rahner, *Ignatius the Theologian;* Walter J. Burghardt, *Long Have I Loved You: A Theologian Reflects on His Church* (New York: Orbis, 2000), 200.

haga los Ejercicios, es claro que el centro de gravedad se halla en la contemplación intencional del aspecto divino y humano de la vida de Jesús.[62] A partir de esta base, los Ejercicios conducen a la persona a la presencia y el amor de Dios, y con el desafío respecto a cómo responderá al llamado del Rey.

En consecuencia, al utilizar *la reflexión espiritual*, esta investigación se ha propuesto avanzar con respeto en torno a solamente una parte de un tema más amplio. Respecto a tomar un aspecto de los Ejercicios, Lonsdale escribe: «Hay una discusión generalizada que se ha vuelto todo un obstáculo por causa de la interpretación que una persona realiza de cierta tradición, en la que se presta muy poca atención al entorno e historia original y, más bien, y se concentra totalmente en lo que podría significar "para nosotros" en la actualidad».[63] Lonsdale continúa con la analogía de un director o actor que toma algunas escenas de *Hamlet* por motivos propios: «el resultado de ello podría ser una experiencia creativa o todo lo contrario, pero difícilmente sería *Hamlet*».[64] Además, en su libro *Ignacio el teólogo*, Hugo Rahner[65] se concentra en un solo modo de oración de los Ejercicios: la aplicación de los sentidos. Rahner admite que ello significa omitir deliberadamente instrucciones previas contenidas en los Ejercicios y que «esto, por supuesto, es igual de malo que la función anatómica de un órgano, cuyo pleno propósito puede solamente ocurrir dentro del organismo viviente del cual fue extraído; sin embargo, a veces es un mal necesario».[66] Rahner continúa explicando que, de todas maneras, ese modo de ejercicio puede iluminar el todo. Este estudio, entonces, se ha propuesto tomar en cuenta las precauciones que Lonsdale y Rahner han manifestado.

Si bien los Ejercicios contienen varios modos de oración, para efectos de este estudio, y con el fin de valorar *la reflexión espiritual*, ofrecemos comentarios respecto a tres modos de oración:

---

[62] Rahner, *Ignatius the Theologian*.

[63] David Lonsdale, *Eyes to See, Ears to Hear: An Introduction to Ignatian Spirituality*, Traditions of Christian Spirituality, ed. Philip Sheldrake (New York: Orbis, 2000), 22–23.

[64] *Ibid.*, 23.

[65] Rahner, *Ignatius the Theologian*.

[66] *Ibid.*, 182.

La aplicación de los sentidos

La aplicación de los sentidos era una oración preparatoria que se realizaba en la noche de cada día durante los Ejercicios y contrastaba con cualquier extenuante trabajo espiritual que el día podría haber tenido.[67] «Esto implica usar la creatividad para "ver", "escuchar", "sentir", "saborear", "tocar" y "oler" las anteriores oraciones, como siempre, para reflexionar y lograr mayor devoción».[68] La aplicación de los sentidos tiene que ver con otros dos modos de oración que analizaremos a continuación. Las oraciones en los Ejercicios suponen siempre un paso denominado «composición viendo el lugar», mediante el cual se imagina la escena recurriendo a los cinco sentidos.[69] Cabe señalar que, si bien la Aplicación de los sentidos era un ejercicio separado, por otro lado «no hay una distinción adecuada entre la aplicación de los sentidos y otros métodos».[70] Los otros modos de oración en los Ejercicios han incluido de manera intrínseca a la aplicación de los sentidos.

Las meditaciones discursivas

Estas son meditaciones que se basan en los tres poderes del alma: la memoria, el entendimiento y la voluntad.[71] Estas meditaciones tienen lugar principalmente en la primera semana de los Ejercicios. Tienden a concernir «más al razonamiento y a lo que es abstracto».[72] Sin embargo, son atenuados por la Aplicación de los sentidos en la noche de cada día durante los Ejercicios. Después de la primera semana, los métodos de oración son «más fáciles, simples y relajados».[73]

---

[67] *Ibid.*, sin número de página.

[68] Brackley, *Call to Discernment*, 240.

[69] Rahner, *Ignatius the Theologian*; Urs Von Balthasar, *The Glory of the Lord: A Theological Aesthetics*. Vol. I, *Seeing the Form*, ed. John Riches (Edinburgh: T & T Clark, 1982). Nota del editor: «composición viendo el lugar» es una cita literal que proviene de la pluma de San Ignacio y que se encuentra en sus Ejercicios espirituales, An. 47.

[70] Brou, *Ignatian Methods of Prayer*, 147.

[71] Andre Ravier, *A Do-It-At-Home Retreat: The Spiritual Exercises of St Ignatius of Loyola* (San Francisco: Ignatius Press, 1991).

[72] De Guibert, *The Jesuits*, 168.

[73] *Ibid.*, 169.

La contemplación de los Evangelios

La principal actividad de los Ejercicios es la contemplación de la vida de Jesús. El ejercitante contempla los eventos de la vida de Jesús siguiendo un orden cronológico. La segunda semana se concentra en la vida y el ministerio de Jesús. La tercera semana lo hace en la pasión, y la cuarta semana en la resurrección. Estas contemplaciones sobresalen por el uso de los cinco sentidos al imaginar algún evento de la vida de Jesús tal como aparece en los evangelios. «*La reflexión espiritual* consiste en *volver a vivir el misterio con un alto grado de fe y amor*, es decir, el ejercitante evoca la historia de los evangelios como si estuviera presente y juega cierto papel en la revelación del misterio».[74] Junto con *la lectura orante*, nuestro estudio se concentrará en este modo de oración.

¿Entonces, de qué manera puede el predicador participar de *la reflexión espiritual*? Antes de la contemplación en sí, el esquema de Ignacio requiere una oración de preparación y tres preludios. Cada preludio ayuda al ejercitante a que se dirija hacia la Biblia y promueva la presencia de Dios. Muchos consideran que estos preludios complican la oración, y por ello muchos autores clásicos y contemporáneos los han adaptado.[75] La manera más común consiste en juntar los tres preludios en uno o «pasarlos por alto en silencio».[76] Para propósitos de este estudio, seguiremos el consejo de Brou, que los tres preludios son importantes para orientar a la persona hacia la contemplación que se tiene a mano.

La oración preparatoria

Para comenzar, el ejercitante calma su corazón y se concentra en lo que esta por suceder. Ello significa ubicarse conscientemente ante la presencia de Dios y contemplar el amor que Dios tiene para uno mismo.

Primer preludio: el asunto

En el primer preludio se lee una y otra vez el pasaje de la Biblia para que el relato pueda absorberse. La idea es tener una idea general del tema en cuestión.

---

[74] Ravier, *A Do-It-At-Home Retreat*, 39, énfasis en el original.
[75] Brou, *Ignatian Methods of Prayer*.
[76] *Ibid.*, 94.

Segundo preludio: composición viendo el lugar

Luego, en base a la descripción de la Biblia, se utiliza la creatividad para componer la escena de la contemplación. Se utilizan los cinco sentidos para construir la escena. En los Ejercicios, Ignacio comparte algunas pautas para fomentar la creatividad. Por ejemplo, para la contemplación del nacimiento de Jesús escribió lo siguiente:

> Composición viendo el lugar; será aquí con la vista imaginativa ver el camino desde Nazaret a Bethlém, considerando la longura, la anchura, y si llano o si por valles o cuestas sea el tal camino; asimismo mirando el lugar o espelunca del nacimiento, quán grande, quán pequeño, quán baxo, quán alto, y cómo estaba aparejado.[77]

La libertad de expresión es una característica importante de la espiritualidad ignaciana; sin embargo, nos conviene lograr una precisión adecuada en la *composición viendo el lugar*. «La composición del lugar se debería hacer, por así decirlo, con una actitud de oración».[78] Dicha actitud de oración tiene que concordar con el evento y la escena que uno imagina. Por ejemplo, mientras que el horror y la desesperanza caracterizarían la contemplación de la crucifixión, el gozo y la admiración destacarían en la contemplación de la resurrección.

Tercer preludio: petición por la gracia que se desea

En esta oración el ejercitante se encomienda a la gracia de Dios, y ruega según las palabras de Ignacio: «pedir gracia a Dios nuestro Señor, para que todas mis intenciones, acciones y operaciones sean puramente ordenadas en servicio y alabanza de su divina majestad».[79] A lo largo de

---

[77] Extracto de *The Spiritual Exercises of St. Ignatius of Loyola* de Louis J. Puhl, S. J. (Newman Press 1951), 43, an. 112. La abreviatura «an» significa «anotación» y se refiere a la nomenclatura que se usa para referirse a las secciones enumeradas en los Ejercicios. Nota del editor: en vez de incluir una traducción de una traducción, he incluido la cita original con arcaísmos propios de la época. «Espelunca» es una cueva o gruta, porque se creía que Jesús había nacido, no en un establo como lo representan los belenes o nacimientos, sino en una gruta. «Aparejado» significaba la disposición o ubicación de las cosas.

[78] Brou, *Ignatian Methods of Prayer*, 98.

[79] Puhl, *Spiritual Exercises of St Ignatius*, 21, ann 46.

los Ejercicios la gracia deseada abarca desde «un conocimiento interno del Señor»[80] a «sentimiento y confusión porque por mis pecados va el Señor a la pasión».[81] La petición por la gracia deseada varía entre ejercitantes, dependiendo del material que esta siendo contemplado y las circunstancias que el ejercitante está experimentando.[82] Podría parecer que pedir por una gracia específica buscaría manipular el resultado de la oración. Sin embargo, se reconoce que una cosa es pedir una gracia particular, pero otra muy distinta es querer controlar la manera en que el Espíritu Santo responde a esa petición. Según Ignacio, el pedir por la gracia de Dios era pedir, en todo caso, por la influencia de Dios. Al respecto, escribe lo siguiente: «Lo que tanto deseo no trabajaré para obtenerlo por mi propio esfuerzo, sino lo pediré, porque sé que no puedo hacer nada. Bajo el impulso de la gracia, que me permite sentir mi necesidad, le pido a Dios que me dé lo que no puedo evitar desear».[83] La presencia de Dios se da por sentado en cada etapa de la oración y el ejercitante depende de su guía constantemente.

La contemplación del evangelio

Después de haber practicado los tres preludios, el ejercitante empieza la contemplación. Brackley lo explica brevemente cuando dice que deberíamos «permitir que la historia se desarrolle en nuestra creatividad como si fuera una película».[84] Una vez que la contemplación comienza «entramos en la historia… considerando a todas las personas involucradas: (1) las observamos, (2) escuchamos lo que tengan que decir, y (3) notamos lo que hacen (no necesariamente en ese orden), reflexionando en las promesas que darán fruto».[85] Así que el ejercitante entra en la historia y, de la misma manera que en una novela o poesía, permite que su creatividad sea tocada por el evento bíblico.[86] Ignacio ofrece una lista de puntos que sirven de guía para la oración del

---

[80] *Ibid.*, 42, an. 104. Notal del editor: para lograr mayor claridad, se ofrece una versión actualizada de las citas originales de los Ejercicios.

[81] *Ibid.*, 63, an. 193.

[82] Brou, *Ignatian Methods of Prayer*.

[83] Citado en Brou, *Ignatian Methods of Prayer*, 104.

[84] Brackley, *Call to Discernment*, 239.

[85] *Ibid.*

[86] William A. Barry, *Letting God Come Close: An Approach to the Ignatian Spiritual Exercises* (Chicago: Loyola Press, 2001).

ejercitante. Estos puntos incluyen, por ejemplo, escoger qué personaje uno asume durante la contemplación y prestar atención a lo que uno escucha y observa. El ejercitante que ora decide qué papel jugará en el evento bíblico. Esto es un asunto de gustos personales, se puede ser un personaje central, un miembro de la multitud o un observador distante.

Coloquio

Una vez que el ejercitante concluya la contemplación del evento bíblico, esta termina con una conversación con Cristo, sin importar como uno crea que le fue en dicha contemplación.[87] El tema del coloquio gira en torno a lo que sucedió durante la contemplación, y la conversación se desenvuelve «de la manera en que un amigo habla con otro, o como un sirviente habla con su autoridad».[88] La sinceridad es crucial en el coloquio:

> En el coloquio debería tratar de hablar y orar *según el verdadero estado de mi alma*. En otras palabras, ya sea si sufro tentación o soy ferviente, ya sea si quiero esta virtud o aquella, o si quiero estar triste o feliz en el misterio, me encuentro contemplando; el punto es que nunca debería desligar mi persona en el momento presente de mi conversación en este coloquio.[89]

El coloquio es especialmente importante porque este dialogo con Cristo está marcado por una creciente toma de conciencia respecto a cómo el efecto de la oración se traducirá en la vida contemporánea.

Podría parecernos que el bosquejo de *la reflexión espiritual* es muy esquemático y restringido. Sin embargo, los Ejercicios se caracterizan por dar libertad, generosidad de espíritu y por una apreciación a los gustos, circunstancias y habilidades de cada ejercitante.[90] Mientras que las contemplaciones poseen un fuerte arraigo en la Palabra, «lo que sobresale en todos los Ejercicios es la libertad que uno tiene para usar su creatividad. No hay ningún intento por controlar la reflexión de cada ejercitante a partir de datos bíblicos que no sean pertinentes

---

[87] Ravier, *A Do-It-At-Home Retreat.*

[88] Cita de An. 54, Brackley, *Call to Discernment*, 74.

[89] Ravier, *A Do-It-At-Home Retreat*, 33, énfasis en el original.

[90] Andre Ravier, *Ignatius Loyola and the Founding of the Society of Jesus* (San Francisco: Ignatius Press, 1987); *A Do-It-At-Home Retreat*; Lonsdale, *Eyes to See, Ears to Hear.*

al propósito de la meditación».[91] El consejo de Ignacio incluye lo siguiente: «Dios sabe y ve lo que es mejor para nosotros, lo conoce todo, y nos muestra el camino a seguir. Pero a nosotros, incluso con su gracia, nos cuesta encontrarlo, y puede que tengamos que intentar varias veces antes de embarcarnos en el camino que es obviamente para nosotros».[92]

Luego de Ignacio, aquellos jesuitas que fueron lumbreras continuaron promoviendo dicha libertad de espíritu. Como se puede observar en el texto de instrucciones sobre la contemplación de la Natividad (Apéndice A), los detalles son escasos pese a que Ignacio logró visitar la Tierra Santa. Evita imponer una escena ante la creatividad de los demás.[93] Los directores de los Ejercicios debían dar solo breves descripciones a los ejercitantes. El propósito era crear espacio para el ejercitante y no abrumar su corazón y mente con demasiada información. «Lo que Ignacio exige de los ejercitantes durante los Ejercicios es, sobre todo, ejercitar la creatividad».[94] Byrne agrega: «Ignacio tenía la firme convicción de que para lograr la conversión y libertad, que son el objetivo principal de los Ejercicios, la creatividad era donde la principal batalla se desarrollaba. Mientras más activo y menos pasivo pudiera ser el ejercitante durante el proceso, sería mucho mejor».[95]

La creatividad de las personas y su habilidad para usarla, varia bastante de una persona a otra. Algunas personas pueden «ver» mucho, otras pueden «escuchar» bastante, y otras pueden sentirse desanimadas por su aparente falta de creatividad.[96] «La creatividad varia, y debemos permitir que Dios use lo que tenemos y no lamentarnos por lo que no tenemos».[97] Refiriéndose particularmente al segundo preludio, Brou observa que «la composición del lugar es buena no solamente para tener una creatividad mas viva, pero una que sea normal y controlada por un

---

[91] Byrne, «To See with the Eyes», 6.
[92] Brou, *Ignatian Methods of Prayer*, 24.
[93] Barry, *Letting God Come Close*.
[94] Byrne, «To See with the Eyes», 5.
[95] *Ibid.*, 6.
[96] Barry, *Letting God Come Close*.
[97] *Ibid.*, 102.

sentido común serio».[98] De esa manera, Brou captura la sabiduría de la espiritualidad ignaciana, la cual ofrece grandes expectativas de un encuentro con Dios y que a la vez se encuentra embellecida por una dosis saludable de pragmatismo.

Definiciones: la meditación y la contemplación

Son comunes los malentendidos y sospechas en torno a la meditación y la contemplación. Tales malentendidos se agravan por la tendencia que tienen los términos a usarse de una manera intercambiable y sin diferencia alguna. *La lectura orante* y *la reflexión espiritual* se afirman sobre la base de un entendimiento claro respecto a los matices y la naturaleza de la meditación y la contemplación. Para los fines de esta investigación, nos basaremos en las definiciones que el catecismo católico ofrece respecto a la meditación y la contemplación. Los siguientes extractos capturan la esencia de las definiciones de ambos términos:

> **La meditación** es una búsqueda orante, que hace intervenir al pensamiento, la creatividad, la emoción y el deseo. Tiene por objeto la apropiación creyente de la realidad considerada, que es confrontada con la realidad de nuestra vida (2723).

> **La oración contemplativa** es la expresión sencilla del misterio de la oración. Es una mirada de fe, fijada en Jesús, una escucha de la Palabra de Dios, un silencioso amor. Realiza la unión con la oración de Cristo, en la medida en que nos hace participar de su misterio (2724).

> *La meditación*
> La meditación es, sobre todo, una búsqueda. El espíritu trata de comprender el porqué y el cómo de la vida cristiana para adherirse y responder a lo que el Señor pide (2705).

> Un cristiano debe querer meditar regularmente; si no, se parece a las primeras tres clases de terreno de la parábola del sembrador. Pero un método no es más que un guía; lo importante es avanzar,

---

[98] Brou, *Ignatian Methods of Prayer*, 100.

con el Espíritu Santo, por el único camino de la oración: Cristo Jesús (2707).

La contemplación

¿Qué es la oración contemplativa?

• Santa Teresa responde: «No es otra cosa oración mental, a mi parecer, sino tratar de amistad, estando muchas veces tratando a solas con quien sabemos nos ama». La contemplación busca al «amado de mi alma». Esto es, a Jesús, y en Él, al Padre (2709).

• La oración contemplativa es mirada de fe, fijada en Jesús. «Yo le miro y él me mira». Esta atención a Él es renuncia a «mí» (2715).[99]

La meditación y la contemplación en la lectura orante y la reflexión espiritual

Mientras que las definiciones de la meditación y la contemplación mencionadas anteriormente captan el espíritu y la intención de las dos disciplinas en cuestión, es necesario discutir la expresión particular de ambas en el ejercicio de estas dos disciplinas. A riesgo de simplificar demasiado los pasos de *la lectura orante*, podemos decir que la diferencia entre la *meditación* y la *contemplación* es que la primera es un ejercicio de análisis, mientras que el último es un ejercicio de receptividad. La *contemplación* ha sido comparada con dos personas enamoradas que simplemente se sientan sin hablar y disfrutan del calor de conocerse y amarse profundamente.[100] Sin embargo, es necesario reconocer que Guigo se expresó respecto a una progresión en la cual *contemplación* era un nivel alcanzado por unos cuantos. Decía que «la lectura se refiere

---

[99] US Catholic Church, ed., *Catechism of the Catholic Church* (New York: Doubleday, 1995), 713-715. Nota del editor: las citas del catecismo provienen de la versión española oficial conforme al texto latino de 1997.

[100] Luke Dysinger, «Accepting the Embrace of God: The Ancient Art of Lectura orante», Valyermo Benedictine, consultado el 3 de junio de 2009 en http://www.valyermo.com/ld-art.html. David L. Miller, «Lectura orante Divine Reading», The Lutheran, December 2003, consultado el 3 de junio de 2009 en http://www.thelutheran.org/article/article.cfm?article_id=3470.

a los principiantes, la meditación a los expertos, la oración a los devotos y la contemplación a los bendecidos».[101] Además, varios escritores contemporáneos[102] confirman esto y se refieren a la *contemplación* como una posibilidad que incluye una experiencia espiritual exclusiva. Por ejemplo: «La contemplación es el punto más alto de la experiencia de la oración, una profunda comunión con Dios que lo abarca todo y transforma la vida de uno, tal vez dramáticamente. Tales experiencias son raras, pero no imposibles para el principiante».[103] Sin embargo, Peterson postula que es un error considerar que la *contemplación* sea una forma de meditación avanzada que la alcanzan muy pocos.[104] Si bien la *contemplación* puede involucrar una intensa y dramática experiencia de Dios, lo mismo puede suceder con cualquiera de los otros tres elementos anteriores de *la lectura orante*. Dwyer plantea el problema de esta manera:

> El término en latín, *contemplatio,* fue traducido como «contemplación» y luego se nos dijo: «pero *contemplación* existe solo para las almas selectas como yo (un sacerdote trapense) y otros que han sido llamados a la vida contemplativa en algún monasterio. Los demás, pobre gente, solo pueden meditar y así es como es. Qué pena. Algunos han sido elegidos, otros no». Se trata de una herejía.[105]

Dwyer también comenta que la meditación fue vista como la alternativa simple mientras que la *contemplación* permaneció al alcance de los místicos mas dotados. De modo que las personas utilizaron esto como excusa para evitar la *contemplación* y esto fue «una tragedia en la historia de la iglesia».[106] Mi perspectiva es que la *contemplación* está al alcance de todo aquel que busca a Cristo en oración, pero para lograrlo es necesario formación y disciplina. Por lo tanto, un entendimiento maduro respecto a la *contemplación* es importante además de una apreciación por su significado. Sin embargo, independientemente de

---

[101] Egan, «Guigo II», 114.
[102] O'Donnell, «Reading for Holiness»; Casey, *Sacred Reading*; Pennington, *Lectio Divina*.
[103] O'Donnell, «Reading for Holiness», 49.
[104] Peterson, *Eat This Book*.
[105] Dwyer, «Many Paths to Prayer».
[106] *Ibid.*

la forma que la *contemplación* pueda tomar, siempre permanece en el ámbito de la gracia y es un don de Dios.

Con referencia a *la reflexión espiritual*, también se requiere un nivel de precisión a la hora de definir sus términos. Brackley proporciona un buen resumen:

> En los Ejercicios, Ignacio distingue entre la meditación discursiva y la contemplación imaginativa. En la primera pensamos más; recordamos, reflexionamos, intentamos entender… de este modo meditaríamos sobre un pasaje de la carta de Pablo a los Romanos… Para Ignacio, la «contemplación» significa recrear imaginativamente una escena de los evangelios u otra historia, reviviéndola en nuestra creatividad y reflexionando respecto a ella.[107]

Sin embargo, así como existe una sensación de integración y polinización cruzada entre los elementos de *la lectura orante*, sucede lo mismo dentro de los distintos tipos de oraciones en los Ejercicios. Por un lado, están separados; por el otro, comparten una interdependencia:

> No es un simple accidente que las palabras *meditación* y *contemplación* aparezcan en los Ejercicios. Una escena de la vida de Cristo no puede ser «meditada», pero si «contemplada». Ciertamente, *la reflexión espiritual* de estas escenas es una oración discursiva, pero en su movimiento hay menos razonamiento y abstracción, y es más directa, concreta, apacible y afectiva. Olvidar este hecho hizo que a veces los Ejercicios sean vistos como un proceso mecánico de razonamiento.[108]

De hecho, debe reconocerse que en realidad es más fácil experimentar la contemplación que describirla.[109] El mismo Ignacio comenta respecto a tal imprecisión al tratar de explicar la contemplación a una persona que no la ha experimentado.[110] La contemplación es el combustible para la actividad en el mundo, como resultado de aprender «el conocimiento

---

[107] Brackley, *Call to Discernment*, 237, 239.
[108] Joseph De Guibert, *The Jesuits*, 135, n 41, énfasis en el original.
[109] Merton, *Seeds of Contemplation*.
[110] Rahner, *Ignatius the Theologian*.

interno de nuestro Dios, para amarlo más y seguirlo». Este estudio espera reflexionar sobre la experiencia de los participantes al practicar la contemplación y si esto los ha conducido a amar y seguir a Cristo en el mundo. De hecho, tanto *la lectura orante* como *la reflexión espiritual* suponen que debe haber acción después de la contemplación. «Mientras que la vida cristiana aparentemente consiste en periodos alternativos de acción y contemplación, su objetivo debería ser que ambos se compenetren cada vez más».[111] Mientras que esto siga sin reconocerse, no se hará justicia con la práctica de la contemplación. Esta falta de reconocimiento promueve el mito que ser contemplativo significa aislarse y ausentarse del mundo.

Contemplativos en la acción

La hipótesis global de esta investigación propone que el ejercicio de *la lectura orante* y *la reflexión espiritual* afecta notablemente el ministerio de la predicación. El papel que juega la contemplación no es pasivo:

> Hay una vida activa que procede de la plenitud de la contemplación, como la educación y la predicación… y esta labor es mejor que una sencilla contemplación. Porque, así como es mejor iluminar que simplemente brillar, así es mejor dar a otros los frutos de la contemplación de uno mismo que simplemente contemplar.[112]

Esta actividad posterior a la contemplación, y toda acción motivada por la experiencia de la contemplación, es típica del término ignaciano *contemplativos en la acción*. Esto se traduce a vivir con el sentir que el mundo es un sacramento[113] y ver la realidad como Dios lo hace. Significa percibir cómo Dios trabaja, escuchar su llamado y aceptar los dones que se nos presentan, sin importar de quién o bajo qué forma se nos presentan.[114] «Esta nueva percepción de la realidad se incluye en lo

---

[111] Hans Urs von Balthasar, *Essays in Theology* II: *Word and Redemption* (New York: Herder & Herder, 1965), 123.

[112] Brou, *Ignatian Methods of Prayer*, 28.

[113] Lonsdale, *Eyes to See, Ears to Hear*.

[114] Antonio Guillen, «*Imitating Christ Our Lord with the Senses: Senses and Feeling in the Exercises*», *The Way* 47, no. 1 y 2 (2008).

que Jerónimo Nadal (m. 1580), uno de los primeros jesuitas, denominó ser «un contemplativo en la acción».[115] El propósito de los Ejercicios era facilitar la labor de los «contemplativos en la acción». Brackley explica:

> *Contemplativus in actione*, sí. Pero una formulación más exacta a lo que Ignacio tenía en mente seria *unidos a Dios para buscar y cumplir su voluntad*. Estamos unidos a Dios no por la oración en sí, sino porque buscamos y cumplimos lo que Dios quiere. A veces ello significa orar. Pero a menudo significa otro tipo de actividad. Un jesuita le dijo a Ignacio que encontraba a Dios primordialmente en la soledad y al meditar y orar en privado. Ignacio le respondió: «¿A qué te refieres? ¿No ganas nada cuando ayudas a tu prójimo? Porque de ello se trata lo que hacemos».[116]

Barry expresa concisamente la naturaleza de la contemplación en el pensamiento ignaciano: «¿Cuál fue la idea genial del pensamiento de Ignacio de Loyola? Yo diría que fue la idea de que Dios puede encontrarse en todas las cosas, que cada experiencia humana tiene una dimensión y un significado religioso».[117] En particular, esa toma de conciencia siempre tuvo una ventaja porque se trataba de un esfuerzo por discernir y obedecer la voluntad de Dios.

Es un error considerar que se debe elegir entre la contemplación o la acción. La contemplación lleva a la acción, y a su vez la acción nutre a la contemplación.[118] Hay bastantes ilustraciones y explicaciones útiles que demuestran la relación orgánica que ambas disfrutan. Si bien escribe específicamente sobre la contemplación y *la lectura orante*, Dysinger[119] comenta respecto al antiguo entendimiento de la contemplación, como oscilación entre práctica y oración. Se les consideraba a ambos como si fuesen los dos extremos de un mismo ritmo espiritual, con un movimiento entre la actividad espiritual y la receptividad. La actividad espiritual tenía relación con la actividad del corazón en vez de tenerla con la acción apostólica. Dysinger prosigue señalando que la antigua tradición monástica entendió la contemplación de dos

---

[115] *Ibid.*, 238.
[116] Brackley, *Call to Discernment*, 245, énfasis en el original.
[117] Barry, *Letting God Come Close*, 91.
[118] Brou, *Ignatian Methods of Prayer*.
[119] Dysinger, Luke. «Accepting the Embrace of God».

maneras. Había la contemplación de Dios en la creación (Dios en «lo mucho») y la contemplación de Dios mismo (Dios como «Único»). Al contemplar a Dios como «Único», *la lectura orante* permitía que la persona contemple a Dios en «lo mucho». Sin embargo, para el que recibe, la contemplación se disfruta como un verdadero don de Dios, como un simple descansar en su presencia. Como Brou explica: «El alma mira sin razonar. Se deleita en lo que la fe le ofrece, en lo que la esperanza le presenta, y en lo que aplaude en caridad».[120] Luminarios como Tomás de Aquino y Jerónimo Nadal ilustraron la relación entre la contemplación y la acción recurriendo a la historia de Marta y María (Lc 10.38-42) como analogía e incentivando a una combinación de ambas cualidades.[121] Otra explicación se concentra en la persona y obra de Cristo. «La contemplación de Cristo consiste en ser la Palabra del *Padre*, y su acción en ser la *Palabra* del Padre». "Yo hablo de lo que he visto en presencia del Padre" (Jn 8.38)».[122] La vida de Jesús, de manera constante, manifestó el ritmo e integración de una vida que expresa contemplación en la acción. Von Balthasar explica cómo Jesús representó todo esto según el contexto de la eternidad. «Todo el tiempo que el Señor estuvo en la tierra puede ser considerado como la acción que fluye de la plenitud de su contemplación celestial y eternal».[123] Por lo tanto, existe el sentido que la contemplación en la acción realmente promueve y acoge el significado teológico de la encarnación. Ser un *contemplativo en la acción* nos protege de ambos extremos: correr hacia el mundo con la acción, pero sin el poder de Dios, o huir del mundo y no estar presentes.[124] Ser un *contemplativo en la acción* significa ser encarnatorio,[125] y recibir el poder del Espíritu de Cristo.

Este capítulo comenzó con el encuentro inesperado de los discípulos con Cristo en el monte de la Transfiguración (Mr 9.2-8) y

---

[120] Brou, *Ignatian Methods of Prayer*, 155–156.

[121] *Ibid.*

[122] Von Balthasar, *Essays in Theology* II, 118, énfasis en el original.

[123] *Ibid.*, 119.

[124] Emmanuel Da Silva e Araujo, «Ignatian Spirituality as a Spirituality of Incarnation», *The Way Supplement* 47, nos 1 y 2 (2008).

[125] Nota del editor: «Encarnatorio» es un término bastante común en la espiritualidad ignaciana, pero prácticamente desconocido para el mundo protestante evangélico, por varias razones, pero principalmente por su antagonismo hacia el catolicismo y por su predilección hacia el mundo anglosajón.

en el camino a Emaús (Lc 24.13-35). Estos dos incidentes sirvieron de ejemplos respecto a los posibles resultados de orar la Biblia recurriendo a *la lectura orante* y *la reflexión espiritual*. Ambas disciplinas de oración facilitan un encuentro cara a cara con aquella Palabra escrita y viviente de Dios (Jn 1.1-5; Heb 1.1-2). Hacen posible que una persona pueda sumergirse en la Palabra, de manera que la trascendencia (el monte de la Transfiguración) y la inmanencia (el camino a Emaús) de Dios logren experimentarse. Ambas disciplinas orientan al discípulo contemporáneo hacia la importancia suprema de la Biblia y la acción del Espíritu Santo a la hora de responder a Dios. Ambos han servido los propósitos de Dios y su iglesia por siglos. Hoy en día, los pastores sufren mucha presión por cerciorarse de que sus iglesias que están guiando logren crecer, que la gente sienta interés por ellas y sean pertinentes. El mercado cristiano vende todo tipo de programas, muchos aseguran tener poderes mesiánicos y salvíficos y prometen resultados extraordinarios a pastores que sufren estrés. El resultado lamentable de ir de una oferta a la otra es que, al sinceramente intentar ser pertinentes para el mundo, la iglesia pierde su peculiaridad. En contraste, concentrarse en la Biblia a partir del uso de estas dos disciplinas de oración, puede formar iglesias pertinentes y distintas. El resultado podría llegar a ser que aquellos que rechazan el equivalente a los publirreportajes cristianos y más bien se sumergen en la Biblia, pueden llegar a tener un encuentro bíblico inesperado con Dios: el camino a Damasco (Hch 9.1-19). Ojalá que nos podamos volver a convertir y que el velo de nuestros ojos sea quitado.

Capítulo 3

La renovación

Ahora nos concentraremos en los resultados de esta investigación. Durante un periodo de cuatro meses, ocho predicadores vocacionales (incluyendo al autor) se comprometieron a utilizar estas dos disciplinas de oración como parte de su preparación semanal. Cada participante predicó por lo menos diez sermones durante ese tiempo. Quiere decir que tanto *la lectura orante* como *la reflexión espiritual* fueron utilizadas por lo menos tres veces por cada participante. Cada predicador podía decidir qué disciplina utilizar para cada sermón. Por lo tanto, los datos para esta investigación se basan en al menos ochenta sermones.

A partir de los resultados se pudo identificar diez temas que salieron a la luz durante las seis sesiones realizadas en noviembre de 2009, y de febrero a junio de 2010. Estos tres temas se pueden agrupar en tres grupos y se complementan entre sí. Se dedicará un capítulo para cada grupo. Este capítulo se concentrará en el primer grupo de temas que describen las experiencias positivas iniciales de los participantes, especialmente la recuperación de la importancia suprema de la predicación en el ministerio de los participantes, el sentido de sinceridad de los predicadores y un nuevo nivel de profundidad a la hora de abordar la Biblia. El capítulo 4 aborda el segundo grupo de temas, que tratan sobre las preocupaciones de los participantes y los elementos que ayudaron a aliviar sus luchas. Los temas que se abordan en este grupo son los efectos de las cargas pastorales, la dificultad para determinar el contenido adecuado del sermón después de la oración, la contribución que ofrece una característica particular de *la reflexión espiritual,* y el papel que juega la exégesis en todo ello. El capítulo 5 se enfoca en el último grupo de temas: una nueva conexión con las congregaciones de los participantes, el desarrollo de la creatividad, y el desplazamiento hacia el mundo. Comenzamos, entonces, considerando el primer grupo de temas.

Reponerse luego de una aparente pérdida

El primer tema fue evidente casi inmediatamente desde el momento en que el grupo logró reunirse por primera vez el 17 de noviembre de 2009. Los siete[1] participantes decidieron formar parte de esta investigación motivados por el deseo de recobrar su primer amor por predicar la Biblia al pueblo de Dios. Este tema resaltó a la vista como resultado de la reflexión de los participantes respecto a los distintos factores que actúan en el ministerio de la predicación. Estos factores incluyen una mentalidad consumista en las congregaciones y una falta de conocimiento bíblico, cuyo efecto produce a veces respuestas negativas a los sermones bíblicos. Como reacción a estos problemas, los siete participantes compartieron el deseo de mejorar su predicación con el fin de lograr mayor preparación a la hora de confrontar estas presiones. Sin embargo, tal como Roberto (veintisiete años en el ministerio presbiterano), Elena (diez años en el ministerio anglicano) y Julia (en su quinto año como pastora bautista) lamentaron, esta clase de oportunidades es rara, y las que están disponibles son a menudo simpes modas pragmáticas. Por lo tanto, la presencia de fuerzas negativas y la escasez de oportunidades de capacitación terminaron mermando la predicación de los participantes. Se podía percibir un sentido claro en el grupo respecto a que esta manifestación vital de su ministerio pastoral necesitaba reponerse y que la participación en esta investigación era un intento por corregir el problema que experimentaban. Incluso Carmen, que tan solo tenía siete meses en el ministerio pastoral, expresó un fuerte deseo de fortalecer su vocación y confianza en sí misma respecto a la predicación. Además, se encontró otro aspecto relacionado a la pérdida de atención respecto a la importancia suprema de la

---

[1] Este estudio ofrece datos principalmente respecto a las experiencias de los siete participantes y no las del autor. Las experiencias del autor han sido incluidas en las reflexiones finales del último capítulo.

predicación. Los rigores y presiones del ministerio pastoral lograron desgastar no solo la atención que el grupo debía dar a la predicación, sino que también mermó la atención que ellos mismos debía dar a la Biblia y su propio crecimiento espiritual.

Este segundo aspecto de pérdida, es decir, la atención que se debería dar al propio crecimiento espiritual se describió en términos de lucha por llevar a cabo un ministerio de predicación profesional y, al mismo tiempo, dedicarse a la devoción personal. Carmen describió estos gajes del oficio cuando se aborda la Biblia de la siguiente manera: «[Considerando que he logrado tener estudios más formales], me es más difícil saber cómo conectarme con Dios de manera devocional». La desventaja de manejar la Biblia de manera profesional, tal como lo describieron Merton, Burghardt, Schneiders y Thurston,[2] y que se citan en el capítulo 1, fue también corroborada por los siete participantes. Sin embargo, tres participantes abogaron por el uso de la preparación de sermones como tiempo devocional. Esta contribución tuvo un efecto positivo en el grupo, especialmente para Carmen, y propició expectativa para que las dos disciplinas de oración puedan facilitar un encuentro personal para el predicador durante su preparación y un mensaje público para las congregaciones. Julia resumió con precisión la esencia del punto de partida del grupo y la meta que ellos deseaban alcanzar: «Todos deseamos de todo corazón nutrirnos para poder nutrir a los demás».

Aunque llevar a cabo la esperanza de recuperar el primer amor que sienten por la predicación y lograr el crecimiento espiritual interrumpieron gradualmente todo el proceso de investigación, los participantes se dieron cuenta de su presencia en la primera y la última fase de los ejercicios. Cuando el grupo se reunió por segunda vez (febrero de 2010), cuatro participantes informaron que habían logrado alcanzar un mayor nivel de energía y recobrado su pasión por la predicación. Elena se expresó respecto al cambio en términos de una «recuperación del fervor», que fue la misma manera en que su congregación describió su predicación cuando se le pidió comentarios respecto a esta. Elena había predicado tres veces y dijo que los

---

2 Merton, *Opening the Bible*; Burghardt, *Preaching*; Schneiders, «Biblical Spirituality»; Thurston, «On Biblical Preaching».

comentarios de la congregación respecto a dos de aquellos sermones fueron los mejores que había recibido en mucho tiempo.

En el transcurso del tiempo, desde el período inicial hasta la última reunión (junio de 2010), las señales de recuperación paulatinamente resaltaron los otros nueve temas, a medida que los participantes describían sus descubrimientos e incluso sus luchas. Sin embargo, no fue sino hasta la última reunión, que los participantes volvieron a revisar los motivos que manifestaron al inicio respecto a participar de esta investigación, esto es, que había sido posible alcanzar la recuperación y que se alegraban por ello. Todos los miembros del grupo dijeron no solamente sentirse renovados y redirigidos hacia su llamado como predicadores, sino que también ahora comprendían mejor dicho llamado. Miguel (predicador presbiteriano con siete años de experiencia) manifestó con mucho entusiasmo la manera en que el proceso había revelado que «había algo que faltaba en mi predicación y la manera en que me dedicaba a la Biblia», y que había logrado su meta de recobrar su primer amor. Graciela (pastora metodista con 15 años de experiencia) y Julia dijeron que las dos disciplinas de oración habían permitido mejorar el sentido de la presencia y soberanía de Dios en el llamado a predicar, incluso cuando las oraciones parecieron no dar fruto. Julia anticipaba que las dos disciplinas de oración demostrarían ser «fórmulas a prueba de fallas», pero más bien descubrió que «*ratificaron* cuán precaria es la labor de la predicación, de la preparación, de predicar el sermón; siempre estás trabajando en ello. Pero jamás descubres *la única manera* que produce resultados».[3]

La recuperación del primer amor incluyó desligarse de toda expectativa poco realista, mejorar el sentido de la presencia de Dios y profundizar la naturaleza de su llamado. Por ejemplo, en un correo electrónico enviado por Francisco (pastor bautista durante doce años) después de la última reunión, citó a Hechos 6.1-7 («Y nosotros persistiremos en la oración y en el ministerio de la palabra») como una manera de describir el cambio ocurrido en él. Anteriormente, había creído que todo pastor debía dedicarse a la predicación y la oración, pero creía que las dos actividades no debían mezclarse. Ahora, se ha

---

[3] Se ha usado cursivas para indicar el énfasis que el entrevistado dio a una palabra o frase.

convencido de que las dos son inseparables. En vez de asistir a la última reunión, Roberto escribió un correo-e diciendo: «he recobrado el significado de la predicación como parte esencial de la vida de la iglesia… el descubrimiento más importante ha sido un nuevo despertar respecto al lugar y el valor que posee un sermón bien preparado en la vida de la comunidad cristiana».[4] Al finalizar el periodo de investigación, *la lectura orante* y *la reflexión espiritual* permitieron que los participantes revivieran y reflexionaran respecto a su primer amor por Dios y por la predicación. Ello produjo un sentido de sinceridad al momento de compartir un sermón, aspecto que a continuación analizaremos.

La sinceridad del predicador

En la introducción de este libro citamos la definición de Phillips Brooks sobre la predicación: «la verdad por medio de la personalidad».[5] A la luz de la definición de Brooks, una de las hipótesis de esta investigación era que *la lectura orante* y *la reflexión espiritual* generaría un mayor sentimiento de sinceridad en el predicador. La expectativa consistía en que el predicador experimentaría un encuentro personal con Dios durante la preparación del sermón, lo cual sería evidente en el contenido y proclamación de este. Tal cambio sería afirmado sobre la base del Espíritu de Cristo, que opera cuando el predicador encara el texto y cuando toma mayor conciencia de la realidad de la encarnación y el contexto de su sermón. Aunque no todos los participantes dijeron que habían logrado una mayor toma de conciencia respecto a la encarnación en sí, todos afirmaron haberse sentido cautivados por el texto y más presentes a la hora de predicarlo. Julia y Carmen observaron que la personalidad del predicador y la responsabilidad de predicar se acercaron más. Este despertar logró mejorar el sentido de pertenencia y participación en la tarea de preparar un sermón. Por ejemplo, Elena predicó Juan 20.19-31, en torno al temor que los discípulos sufrieron luego de la resurrección. Nos compartió el revelador contraste entre la preparación de un sermón, lo cual incluyó que se cuestionase si

---

4   Previo a la reunión final, se envió una lista de preguntas a todos los participantes. Sin embargo, Roberto no pudo asistir por motivo de una emergencia familiar.
5   Brooks, *Phillips Brooks on Preaching*, 8.

acaso ella misma vivía en una habitación bajo llave (Jn 20.19), y su típico *modus operandi,* es decir, «tan solo organizar un sermón para quinientas personas». Tener que manejar la Biblia de este modo atrapó a los participantes en un torbellino de implicaciones cuyo énfasis fue, tal como Julia lo describió, «asumir la responsabilidad de continuar con un desarrollo personal e involucrarse personalmente con el texto para que todo fluya a partir de mi personalidad, y no a partir de una serie de pasos pragmáticos». la Biblia forjó la personalidad de los predicadores a partir de aquellas oraciones de manera que, como Graciela lo observó tan memorablemente, «el Espíritu se metió entre los recovecos del alma». El mandato «ora para que Dios pueda predicar por medio de ti»[6] es una manera acertada de describir este efecto. El predicador se convirtió en un conducto del mensaje de la Biblia.

Si bien un nuevo sentido de sinceridad impregnaba toda la experiencia, la celebración de la Pascua fue una ocasión que amplificó de manera particular este resultado. Los participantes se convirtieron en testigos de la pasión y resurrección de Cristo. Se conmovieron mucho al leer estos eventos y sintieron un tremendo ímpetu a contárselo a sus congregaciones. De los nueve sermones que el grupo predicó el domingo de Ramos y el domingo de Resurrección, ocho utilizaron *la reflexión espiritual.*[7] El efecto todavía era evidente dos semanas después, cuando el grupo se volvió a ver y Elena compartió: «Realmente me sentí parte de la meditación ignaciana. Me involucré con ello y descubrí en cierto momento que "Dios es *maravilloso".* Y pensé para mis adentros, "te agradezco, Dios, por haberme permitido conocer este proceso que me ha traído hasta aquí"».

Realmente daban la impresión de haber presenciado los eventos en los evangelios y por ello predicaron como testigos oculares. Alguien dijo que la palabra más usada para describir la obra de la evangelización es «testificar»; sin embargo, pareciera que el origen de este término ha sido olvidado por la mayoría de la comunidad cristiana contemporánea. Su uso original describía el mandato a los primeros discípulos, que

---

6 Susan Jones, «The Purpose of Preaching», *Candour* (2010): 11.

7 Dos miembros del grupo no predicaron durante la Pascua y un tercer miembro, Francisco, se encontraba en su luna de miel. Ello significó que cinco miembros, incluyéndome a mí (el autor) predicaron durante aquel tiempo.

debían testificar de aquel Cristo que había muerto en la cruz, pero que había resucitado de entre los muertos. En la actualidad, su significado tiende a ser más ambiguo y se refiere a la explicación de los principios de nuestra fe con el propósito de dar oportunidad a la gente para que se convierta a Cristo. Si bien aquello no esta mal, se pierde mucho de su ímpetu cuando testificar no incluye a la resurrección. El efecto de los sermones que el grupo predicó fue darle a la resurrección el protagonismo debido como si los que predicaban hubiesen, de alguna manera, sido testigos oculares, y cuyo efecto habría superado una simple observación de temporada. Si bien hay evidencia de que todos los que predicaron durante la Pascua lograron llamar la atención por el contenido del sermón, gracias a que demostraron mayor fervor y participación, fue grato notar la ausencia de ese siempre presente peligro de que el predicador se vuelva demasiado protagónico. De hecho, los participantes fueron muy diligentes para evitar que sus sermones se convirtieran en autobiografías. Elena comentó al respecto que no creía que su congragación sabía más de ella como persona como resultado de sus sermones durante la Pascua, sino que más bien la disciplina de la oración «otorga poder a lo que yo digo, lo que vi». Sin embargo, hay que pagar un precio ineludible cuando se encara la Biblia por medio de nuestra participación personal en el relato bíblico y, como resultado de ello, predicar el sermón. Para aquellos momentos donde fue adecuado incluir información autobiográfica, los predicadores sintieron estar expuestos.

El origen de este sentimiento de estar expuestos sucedió cuando los miembros del grupo se metieron de lleno en la Biblia, por medio de la oración, y experimentaron un nuevo sentido de honestidad y franqueza delante de Dios. La forma más común de aquel sentimiento de estar expuestos tenía que ver con el reto respecto a cómo comunicar este encuentro divino con sus congregaciones. Cuando se incluía esta información en los sermones, los predicadores lo describían en términos de sentirse expuestos, mientras que las congregaciones manifestaban que eran impactadas por ello. Varios participantes informaron que el punto particular de la contemplación que les tocó más de lleno se convirtió en el punto del sermón que más impactó a la congregación. Al principio del proceso, Francisco describió este fenómeno como «muy provechoso». Continúo diciendo: «creo que una de las luchas que he tenido durante años es, en realidad, añorar que contenga algo del Espíritu en mi preparación, de manera que el mensaje toque las vidas de las personas y la mía. Y eso no sucede a menudo. Pero pude verlo en estos últimos dos mensajes».

Ofrecemos a continuación un ejemplo: Carmen se encontraba preparando un sermón sobre la reconciliación de José con sus hermanos (Gn 50.15-21). Todos los comentarios que consultó proponían distintas razones para creer que hubo lágrimas en aquella escena. La gran y variada cantidad de opiniones no le eran muy útiles, así que, por medio de *la reflexión espiritual*, Carmen se metió de lleno en la historia para encontrarse con aquellas lágrimas. Fue ese momento de oración y la forma que se plasmó en su sermón la parte que más logró impactar a su congregación.

Francisco dijo que solo había pensado en la predicación en términos de poder, y solo después de escuchar hablar a Carmen respecto al sentimiento de estar expuesto, lo vio desde un ángulo completamente distinto. Esto produjo nuevas categorías y nueva terminología para que el grupo pudiese explorar a fondo sus experiencias.

El aumento del sentido de sinceridad también se logró experimentar bajo la forma de un nuevo grado de discernimiento. Como se mencionó anteriormente, una de las presiones que enfrentan los participantes en sus ministerios de predicación es la falta de oportunidades para la superación profesional. A veces este vacío se trata de llenar con una abrumadora cantidad de accesorios y métodos para la predicación, que en su mayoría terminan siendo modas pragmáticas. El reto de ello es saber determinar cuál de ellos son realmente innovaciones útiles y cuáles son trucos para llamar la atención. En particular, Roberto mencionó la creciente presión para que los predicadores aprovechen el uso de presentaciones multimedia, que dejen a un lado el método tradicional del predicador solo en el púlpito, y reciban con los brazos abiertos un formato de diálogo y debate *en reemplazo* del sermón clásico. En vez de que esta clase de presiones cause desconcierto en el grupo y los tiente a abandonar métodos más tradicionales, se descubrió que estos métodos fueron eclipsados por las disciplinas de oración y que el grupo los consideraba ciertamente auténticos para el predicador y su congregación. Roberto explicó respecto a ello con mayor detalle:

Cuando te has dedicado a predicar por mucho tiempo, hay ese peligro… de buscar métodos algo estrafalarios. O aquella nueva manera de interpretar ese pasaje tan conocido cuando te toca predicarlo en ciertas fechas clave del año o todas esas cosas. Pero, en realidad pienso que perseverar en este proceso [*la lectura orante* y *la reflexión espiritual*] es una manera muchísimo más confiable de llegar a oír algo que no anticipabas… buscas ese símbolo o aquella ilustración o aquel relato que realmente cautivará a los oyentes. Pero, en realidad esto es más genuino, es lo que uno escucha. Si te aferras a ello, será algo *mucho más real y genuino*.

El resultado de orar mediante *la lectura orante* y *la reflexión espiritual* permite que el predicador decida cuál será la mejor manera de comunicar su mensaje. De esta manera, el predicador estará listo para interactuar con nuevas ideas respecto a la práctica de la predicación desde una postura cuyo principal propósito nace de una búsqueda profunda de la Biblia. En una ocasión, uno de los sermones de Roberto resultó ser bastante abierto al diálogo. De hecho, la persona que más participó en dicho diálogo fue un musulmán que visitaba su iglesia aquel día. El punto es que, mediante el uso de las disciplinas de oración, los predicadores pueden llegar a ser personas menos reaccionarias e inseguras, que se aferran al último grito de la moda y que en el proceso pierden su alma de predicador. El proceso de ubicar a los predicadores en la Biblia, por medio de la oración, los conduce a que tomen decisiones prudentes respecto a qué escoger entre el pensamiento en boga para sus sermones.

Este aumento de discernimiento surgió por el restablecimiento de la confianza en la Biblia y la autoconfianza de cada participante. El asunto en torno a la sinceridad resultó ser el más destacado a lo largo de la investigación. El efecto de esta confianza ha logrado sazonar muchos de los hallazgos de esta investigación y se hará evidente en las siguientes secciones y capítulos. El desarrollo de esta confianza permitió que los siete participantes trascendieran su formación exegética, pero sin descartarla. Algunos expresaron sentirse frustrados por su antigua formación teológica, que les hizo pensar que al abordar un texto deberían de hacer las mismas observaciones que cualquier otra persona que estudie esos pasajes. Sin embargo, a partir de *la lectura orante* y *la reflexión espiritual*, la Palabra de Dios logró acercarse más al predicador y por consiguiente a su congregación. Esto generó confianza para encarar el texto, elaborar un mensaje y compartirlo con la congregación. Los predicadores sintieron más confianza al darse cuenta de que el valor de sus observaciones no dependía del comentario bíblico que habían consultado, sino del hecho que habían encontrado a Dios por medio de su Palabra. En la última reunión del grupo, este sentido de confianza aún era tema de conversación y elogios, tal como lo ilustra el comentario que Julia ofreció:

> … creo que la confianza también tiene que ver con cómo pienso, siento y respondo respecto al texto; según mi situación personal y mi congregación, aprecio y valoro *realmente* esto. Y he tenido experiencias muy positivas en torno al proceso, porque creo que mis sermones son un poco más pertinentes que antes, dado que ahora tengo confianza para dirigirme a *nuestro* contexto y de haber adquirido la experiencia del texto y así poder aplicarlo a todos nosotros.

Como se mencionó anteriormente, no se descuidaron las normas de la exégesis, pero ahora «la verdad por medio de la personalidad» estaba siendo liberada de una nueva manera. Se proclamaba aquella profundización respecto al sentido de sinceridad, cuya presencia permanece constantemente en el texto; pero ahora nos dedicaremos a explorar con mayor profundidad respecto a este asunto.

Permanecer con el texto

La experiencia que tuvieron los siete miembros del grupo consistió en que las dos disciplinas de oración hicieron posible un notorio cambio en la relación que tenían con la Biblia. Manifestaron su experiencia de cambio describiendo a la Biblia en términos de «abundante» y «vivificante». Francisco lo expresó de esta manera: «aprendí a vivir con el texto, no solo a usarlo». La frase que se hizo común en el grupo y que resume el cambio fue «permanecer con el texto». Los miembros del grupo atestiguaron haber logrado ir menos de prisa a la hora de leer la Biblia y, en efecto, permanecer en el texto. Aquella atención cuidadosa y deliberada respecto al texto, ese permanecer en el texto, constituyó la base en la que la sinceridad y la confianza, que habíamos mencionado anteriormente, se pudieron establecer. Se pudo apreciar la maravillosa simetría y manifestación de la encarnación en la experiencia del grupo. Se encarnaron con el texto y experimentaron la encarnación. Habitaron con Cristo a partir de su Palabra y pudieron identificar, o por lo menos vislumbrar, a Cristo habitando con su pueblo a partir de la predicación de su Palabra. Carmen dijo al respecto: «experimentas una nueva encarnación cada vez que predicas. Hay poder. Creo que es el poder de la Biblia y la interacción con el pueblo de Dios». La experiencia del grupo encuentra paralelo en la exhortación que Heisler ofrece:

> Como predicador, eres un testimonio encarnado de lo que tu texto está diciendo. Tu audiencia puede ver que has estado con Jonás en el vientre de un gran pez. Pueden oler el cuerpo putrefacto de Lázaro mientras predicas sobre Jesús, la resurrección y la vida. Escuchan los gritos de los endemoniados mientras explicas el tormento que hay en el texto. Prueban la angustia de la Pascua que Jesús compartió con sus discípulos. No se trata tanto de que transportas a tu audiencia hacia aquella casa de María y Marta a principios del primer siglo, sino que ingresas a aquella casa de tal forma que tu audiencia percibe que has estado allí tú mismo.[8]

A manera de ejemplo, parte de mi experiencia durante esta investigación fue predicar un sermón de Amós 1-2. Al meditar y permanecer con el texto, mi predicación fue mucho más apasionada e intensa. El contenido del sermón se centraba en el fuego de Dios y su juicio, y si bien era yo mismo el que predicaba, había algo notoriamente distinto respecto a mí. Al final del sermón, ofrecí a la congregación la oportunidad de que pasara al frente para encender una vela. Se trataba en sí de una invitación poco común, y la respuesta fue tal que las personas tuvieron que hacer una fila. Lo extraordinario del asunto es que las personas comentaron respecto a un fuerte sentido de la gracia de Dios en el sermón. En mi caso, me sentí abrumado por lo efectos de haber dedicado tiempo a Amós y la influencia que tuvo en mí aquella semana. No se me habría

---

8 Heisler, *Spirit-led Preaching*, 98.

imaginado identificar a la gracia como una característica central del sermón. Que la congregación la hubo identificado me hizo admirarme de la presencia de Cristo especialmente a la hora de predicar. De alguna manera, estar encarnado con el texto hace que el predicador sea testigo de la encarnación en el contexto pastoral. Las palabras de Jesús a los primeros discípulos hablan de seguir la guía del Espíritu para poder testificar de Cristo: «Cuando venga el Consolador, que yo les enviaré de parte del Padre, el Espíritu de verdad que procede del Padre, él testificará acerca de mí. Y también ustedes darán testimonio porque han estado conmigo desde el principio» (Jn 15.26-27). *La lectura orante* y *la reflexión espiritual* sirven de ayuda para que el predicador se sintonice con la tarea de testificar y con la obra del Espíritu.

Otro resultado respecto a permanecer con el texto a partir de *la lectura orante* y *la reflexión espiritual* es permitir que el predicador adquiera perspectiva de las dimensiones y el panorama del mundo bíblico. Ha sido de ayuda para aclarar la relación entre la Biblia, el predicador y el mundo en que vive el día de hoy. Se les entregó a los participantes del grupo un artículo escrito por Long en el cual se menciona la experiencia de unos de sus alumnos.[9] Después de visitar Palestina, el estudiante se sentía abrumado por la distancia que existía entre la sociedad contemporánea y el contexto histórico bíblico. El estudiante solía predicar como si «Abraham y Sara fuesen mis vecinos… personas que se habrían sentido cómodos en un culto dominical».[10] Pero ahora el estudiante no sabía qué decir respecto a estos personajes bíblicos. La anécdota sirvió de ayuda para que un participante logre entender lo que le sucedía durante este proceso. El mundo bíblico es muy distinto al nuestro, pero en el apuro por preparar un sermón, este hecho puede pasarse por alto por querer que el sermón tenga una aplicación para la actualidad. Cuando se da esta situación, tanto el texto bíblico como el predicador pierden integridad. Quizá para aquel que ora la Biblia sea de importancia suprema tratar de resolver este asunto. Hay asuntos exegéticos y misterios que, obviamente, salen a la luz y que deben ser tratados. Sin embargo, otro punto de partida

---

9 Thomas G. Long, «The Use of Scripture in Contemporary Preaching», *Interpretation* 44, no. 4 (1990): 341-352.

10 Long, «The Use of Scripture», 345.

válido sería preguntarse cómo es que el texto influye en la persona que está orando esta misma Escritura. Abordar un pasaje del libro de Génesis con el principal objetivo de saltarse el entorno cultural de Abraham y Sara, para reemplazarlo con el contexto de Nueva Zelanda del siglo XXI produciría una clase específica de sermón. Por otro lado, permanecer en el texto, empezando con preguntarse cómo es que el texto influye en el predicador que ora el pasaje, daría como resultado un sermón muy distinto al primero. Julia hizo una observación muy importante; dijo que las observaciones que ella logra cuando empieza desde aquel punto de partida se convierten en el trasfondo del sermón, «no necesariamente información que se deja caer de golpe en los congregantes». Dicho trasfondo, luego ilustra y ofrece un anclaje para el trabajo exegético requerido.

En el capítulo 2, se habló sobre la costumbre de leer la Biblia en voz alta. Los participantes hicieron esto durante la fase correspondiente a *la lectura orante* y en el primer preludio de *la reflexión espiritual*. La gran importancia y el impacto de leer en voz alta se hizo evidente desde el día de entrenamiento hasta la última reunión del grupo, cuando Francisco logró resumir la experiencia de todos: «Según mi parecer, lo que logré descubrir de la Biblia es muy sencillo pero muy profundo, esto es, que al leer la Biblia en voz alta he logrado darme cuenta de una *tremenda perspectiva* respecto al texto». El consenso del grupo fue que leer la Biblia en voz alta, en cierto modo, sirve de elemento importante para ubicar a la persona en el texto. Si permanecer con el texto era el lugar deseado, leer el pasaje en voz alta, como mínimo, ubica a la persona en la puerta de entrada de dicho lugar. Elena comentó que, cuando se lee en voz alta, se enriquece el proceso hacia la contemplación, mientras que leer en silencio hacía que el ejercicio fuese más cerebral. Los beneficios de leer en voz alta incluyeron poder concentrarse en el contenido de la Biblia y reducir al mínimo las distracciones mentales. También permite una lectura más pausada del pasaje, lo cual significa que aquellas partes del pasaje que uno conoce muy bien no se pasan por alto y se logran descubrir nuevos detalles del texto. Por ejemplo, antes de orar el pasaje en Marcos 8.27-9.1 (la declaración de Pedro en Cesarea de Filipo), pensaba que la primera cosa que hizo Jesús luego de que Pedro lo reprendiera fue decir: «¡Aléjate de mí, Satanás! (Mr 8.33). Sin embargo, gracias a una lectura atenta del texto me di cuenta de que la primera cosa que hizo Jesús fue mirar a los demás discípulos. La observación de esta pausa hizo que me diera cuenta de algo muy profundo. Otros beneficios de leer la Biblia en voz alta incluyen la variedad de gestos del habla durante la lectura, las cuales acercan al lector aún más al pasaje. Hubo un cambio importante en la relación entre el predicador y la Biblia a partir de este simple acto. Produjo una expectativa reverente y mejoró la capacidad de concentración durante el resto de la oración y la permanencia en el texto.

En este primer grupo de temas, hemos visto que el sentimiento original respecto a la falta de devoción a Cristo y la falta de atención a la misión de la predicación, fueron reemplazados por un sentido de renovación y «recuperación del fervor». *La lectura orante* y *la reflexión espiritual* reorientaron al grupo hacia la renovación de su llamado como predicadores. A medida que los participantes oraron, fueron cautivados por el contenido y los personajes de los textos y descubrieron un nuevo sentido de confianza en su estudio y predicación. Esta confianza también produjo un fuerte discernimiento a la hora de elegir alternativas de predicación presentes en nuestra era. Descubrieron que estaban más atentos y presentes a la Biblia y por consiguiente a sus congregaciones. Encontraron que leer la Biblia en voz alta facilita su concentración y mayor observación al mensaje del pasaje. Redescubrieron el poder de permanecer en Cristo (Jn 15.1-10) y dar fruto para él. Aunque empezaron esta investigación con cierta confusión y tristeza por su experiencia en el ministerio, también lo hicieron con una determinación por recuperar su primer amor por Dios y su misión, y encontraron que, al sumergirse en la Biblia, a partir de estos dos tipos de oración, sus vidas se abrieron a la presencia de Dios de maneras nuevas que jamás experimentaron.

Capítulo 4

El reposicionamiento

A medida que el grupo lograba practicar las disciplinas de oración en el retiro inicial de noviembre de 2009, dos respuestas principales salieron a la luz. La primera fue un incontrolable entusiasmo por las observaciones iniciales y la nueva conexión con Dios y su Palabra gracias al uso de *la lectura orante y la reflexión espiritual*. La segunda consistía en la inquietud por saber si esta experiencia podía repetirse en el diario vivir del ministerio. Los participantes estaban muy conscientes del desafío que enfrentarían al esforzarse por incorporar esta clase de oración como parte de la preparación regular del sermón. Las oraciones en el día de entrenamiento habían logrado impactar a Miguel tremendamente. Respecto a ello, comentó lo siguiente: «Pero… será otro desafío lograrlo en mi vida normal».

El compromiso de tiempo de parte de cada participante no era pesado, dado que se le había dicho al grupo que debía orar por lo menos unos quince minutos y normalmente unos treinta minutos. Lo cierto es que el tiempo permitido para que los participantes orasen en el retiro era entre cuarenta y cinco minutos y una hora, y ello pudo haber agravado la percepción de que era poco realista una vez de vuelta en el ministerio pastoral. El lugar del retiro fue un centro franciscano, y aquel lugar tranquilo también agravó la brecha entre el retiro y el típico ritmo del ministerio. Luego de orar el Salmo 84 usando *la lectura orante,* Elena nos informó que, si hubiera estado en su contexto normal, se hubiese inclinado a las secciones que conoce mejor. Esta confesión demuestra la manera en que la presión del ministerio pastoral causa que los predicadores estudien la Biblia con apuro en vez de recurrir a la introspección.

Este capítulo, entonces, explora los desafíos y luchas que han surgido a partir de esta investigación. Discutiremos dos temas principales que resumen las dificultades que los participantes encontraron: el impacto que todas las demás cargas pastorales ejercer a la hora de prepara el sermón, y la dificultad que los participantes sufren a la hora de decidir qué información incluir en el sermón, información que fue recibida durante la oración. Luego, examinaremos otros dos temas que de alguna manera ayudaron a resolver estas dificultades: el efecto del tercer preludio de *la reflexión espiritual* y el uso de la exégesis.

Las consecuencias de lo urgente y las cargas pastorales

Además de la toma de conciencia respecto a los retos que tenían por delante, lo cual sucedió en el retiro, todos los siete miembros del grupo fueron motivados a reposicionarse como predicadores en sus contextos particulares una vez que hayan regresado a sus ministerios. Elena se refirió al caleidoscopio de presiones y percepciones que rodean a los pastores en la actualidad. Su descripción general abarcó desde aquellos feligreses que comentan: «no puedo imaginar lo que haces entre domingos», al intimidante legado de los súper predicadores que «gozan de interminables momentos de tranquilidad para meditar y reflexionar… Y que tienen el lujo de tiempo sinfín para estudios etimológicos o qué se yo». Elena pensaba que tales predicadores o son hábiles para organizar su agenda de trabajo o se ha aferrado a «"la Palabra del día"[1] como un método rápido para preparar sus sermones debido al intento por administrar la iglesia y sus programas en esta era». El grupo afirmó que este aspecto de la carga laboral y las presiones del tiempo son factores que han contribuido a la pérdida de contacto con Dios y las luchas por retener la vitalidad de sus ministerios de predicación. Sin embargo, haber sido expuestos a las disciplinas de oración en el retiro y

---

[1] Nota del editor: En el original, el autor se refiere a libritos devocionales conocidos en general como *Word for Today* (pasaje bíblico para el día de hoy) en el mundo de habla inglesa y que se traducen en algunos países hispánicos bajo títulos similares. Estos libritos contienen un versículo y una anécdota o comentario para cada día. En el contexto de los debates del grupo, se usó esta clase de libritos como ejemplo y eufemismo en torno a la falta de conocimiento bíblico en las congregaciones y la ausencia de estudios profundos y dedicación a la Biblia, ya sea de parte del predicador o de la propia congregación.

las discusiones grupales, los animaron a aprovechar las oportunidades que esta investigación les estaba ofreciendo. Graciela comentó que orar con *la lectura orante* le había dado suficiente material para un año y que estaba especialmente conmovida por el hecho de «que deberíamos ser la morada de Dios». Acerca de su deseo de querer seguir mejorando este año, ella añadió lo siguiente:

> A principio del año, este versículo me supuso un reto: «esto es lo que predicamos, y esto es lo que ustedes han creído» (1Co 15.11). Y pensé si tan solo pudiera predicar para que las personas crean… algo hago por intuición… algunas semanas es más fácil que otras y ha sido todo un reto aquella frase «predicamos para que ustedes crean».

En esta fase inicial del proceso, las dos disciplinas de oración ofrecieron esperanza para que el grupo pudiera lograr sus aspiraciones.

Cuando el grupo se reunió por segunda vez, la reflexión dominante giraba en torno al terrible ataque que el tiempo y otras presiones ejercían sobre los momentos de oración. El resumen de Julia describió con precisión la experiencia de todos: «Estaba consciente de que tenía interrupciones durante el día, pero no fue hasta que comencé este proceso que me di cuenta de cuánto. Cuánto me interrumpo a mí misma y cuánto me interrumpen los demás. Y ambas semanas tuve que dividir mi tiempo de contemplación porque no pude lograr una hora sin interrupciones. Esto me sorprendió mucho». Como lo mencionamos anteriormente, el grupo ya había anticipado esta clase de luchas, pero su intensidad fue subestimada. *La lectura orante* y *la reflexión espiritual* ofrecen una manera de llevar a cabo el ministerio que puede ser captada fácilmente pero no se podrá practicar bien sin hacer cambios fundamentales. Francisco se dio cuenta de que inconscientemente regresaba a la manera que había estudiado la Biblia en el pasado, y esto se debía a su tiempo limitado y las presiones del día a día. Dijo al respecto: «Este asunto toma tiempo y yo ando apurado… es como si una voz me dijera: "Oye Francisco, estas contra el tiempo. Estas perdiendo el tiempo. Concéntrate en lo que vale la pena"». Ya que todos los miembros del grupo eran pastores que intentaban orar la Biblia, la terrible ironía del sentimiento de Francisco y su pertinencia caló hondo en el grupo. Miguel se lamentó: «nuestra iglesia nos ha ordenado como pastores de la Palabra y sin embargo es para lo último que tenemos tiempo durante una semana muy ocupada».[2] Estas dos disciplinas de oración revelaron que el mismísimo ministerio pastoral al cual el grupo había sido llamado, es el que conspira en contra de ellos. Con ello no se quiere decir que la congregación conspira contra ellos, sino que el todo (el contexto pastoral) es mayor que la suma de sus partes (por ejemplo, las obligaciones pastorales particulares, la fecha de entrega del sermón y la preparación del culto, funerales, trabajo en la comunidad y reuniones).

La dificultad de encontrar tiempo para practicar las dos disciplinas de oración no desapareció durante los cuatro meses de investigación, sin embargo, los miembros del grupo compartieron nuevas ideas y convicciones en respuesta a este desafío. Al finalizar los primeros cuatro meses de investigación, Elena comentó lo siguiente: «se me ha desafiado. ¿Dónde empieza todo?… Para mí, el reto ha sido que debo creer que todo empieza con la Biblia… que debo recordar dónde se origina todo y cómo debo discernir ello en esta semana y para esta comunidad».

En gran medida, la batalla para encontrar tiempo para orar expuso la principal razón por la que habían perdido parte de su primer amor por Dios y la Biblia, y reveló la razón por la que es tan importante luchar por recuperar aquel tiempo. En la última reunión, Julia dijo: «He probado esto (el resultado de utilizar *la lectura orante* y *la reflexión espiritual*) y quisiera desafiar cada vez más todas las demás presiones». La notoria experiencia de esta lucha se manifestó como una encrucijada para todo el grupo. El hecho de que se seguía teniendo dificultades para separar tiempo para la oración no solo había exhibido la razón por la que perdieron su primer amor, también amenazaba con socavar los logros que se mencionan en el capítulo 3 respecto al aumento de sinceridad y permanecer con el texto. Lograron reposicionarse para responder al llamado de buscar a Cristo y su Palabra (2Ti 2.15; 4.1-2), sin embargo, irónicamente sus responsabilidades y preocupaciones parecían alejarlos de dicho objetivo. Al respecto, Elena dijo: «creo que aquella parte del encuentro con Dios en nuestra predicación [la preparación] es la parte

---

2 Nota del editor: En el original se afirma que la ordenación es de parte de la Iglesia Presbiteriana de Aotearoa en Nueva Zelanda. Y, si bien hubo participantes de otras denominaciones, el ejemplo es válido y pertinente para cualquier otra denominación.

que sucede en una semana ocupada, con muy pocos voluntarios que puedan hacer las demás tareas… esto añade sufrimiento a nuestra dedicación a todo esto [*la lectura orante* y *la reflexión espiritual*]». A pesar de los constantes debates y conversaciones durante los cuatro meses que se reunieron, no lograron hallar alguna estrategia específica para combatir este problema. Si bien su toma de conciencia, sus convicciones y apreciación del problema lograron afinarse hasta cierto grado útil, los siete participantes se quedaron, en cierto sentido, sintiendo que no habían logrado ningún progreso. En la reunión final, Roberto citó este aspecto como la única desilusión durante todo el proceso: la incapacidad de dedicarle el tiempo suficiente que él hubiese querido a la oración. De todos los problemas que surgieron durante la investigación, este fue el que planteó la mayor amenaza para la eficacia de ambas disciplinas de oración.

La tensión entre los devocionales personales y la preparación formal de un sermón

Con respecto a los asuntos que fueron una amenaza para los logros obtenidos por medio del uso de las dos disciplinas de oración, solo uno adicional ha sido igual de importante. En la medida en que los participantes tuvieron un encuentro con Dios durante el tiempo de oración, experimentaron cierta tensión respecto a cuánto de dicho encuentro era adecuado incluirlo en el sermón. En resumen, la mayoría de los participantes descubrieron que la oración da fruto, pero dudaban si debían adaptar ello al sermón. Era como si la esperanza que ellos mismos habían manifestado respecto a volverse a conectar con Dios en sus tiempos devocionales se había cumplido, pero tan solo para poner en riesgo su esperanza de revivir su primer amor por la predicación. En el capítulo 3, se mencionaron varios logros que el grupo describió acerca de la sinceridad. Aquello incluía un aumento de la confianza como predicadores, de la honestidad frente a Dios y el texto, y en el contenido del sermón, lo cual hacía que el predicador se muestre más expuesto, pero precisamente ello hacía que el sermón tuviese más impacto en la congregación. En un inicio, este asunto era extremadamente desconcertante. Se habían comprometido a dedicar tiempo a la oración como parte de su preparación para predicar. ¿Pero por qué, entonces, para algunos les era tan difícil integrar la oración al sermón? Esta desconfianza parecía basarse en varios asuntos generales como, por ejemplo, la creencia muy profunda que debe haber una división entre los devocionales personales y la preparación de un sermón: ya sea por la preocupación de que tal encuentro con Dios fuese demasiado personal para compartirlo o por una falta de confianza por parte del predicador de que tal fruto sería poco útil para su congregación.

A lo largo de la fase de investigación, a menudo se hizo hincapié en que ellos buscaban ante todo a Dios. Esta búsqueda espiritual eclipsó todo lo que hicieron y definió la preparación del sermón; jamás escribían tan solo un sermón. Como se mencionó en el capítulo 3, en el retiro el grupo conversó extensamente respecto a la perspectiva tradicional, aquella que fue promovida durante la formación teológica formal, es decir, que la preparación del sermón nunca debe suplantar al tiempo de devoción personal. La discusión posterior fue reveladora para algunos miembros del grupo, ya que compartieron que recibían alimento espiritual a partir de la preparación de su sermón. Francisco mencionó al predicador puritano Richard Baxter, quien dijo, en palabras de Francisco: «el predicador es el más bendecido de todos, puesto que cada día es un sabbat… todos los días te dedicas a hacer aquello que la congregación tiende a hacer solo los domingos». Aunque la discusión no tenía la intención de llegar a un acuerdo, se llegó a un claro consenso respecto a que el ejercicio de investigación haría posible la clase de oración que alimenta espiritualmente al predicador y a la congregación. Sin embargo, la división entre los devocionales personales y la preparación formal de sermones resultó ser tan fuerte como siempre una vez que se iniciase la investigación. Aquella división o dicotomía reapareció debido a la clase de revelación que se recibió durante la oración y que condujo al grupo hacia otro tema generalizado, lo cual hizo que algunos miembros se atascaran. El conocimiento adquirido de la experiencia de orar la Biblia se describió de distintas maneras: como demasiado privado, demasiado fuerte o, debido a su particularidad, secundario respecto a una lectura tradicional del texto.

Es correcto generalizar que, una vez que el grupo se encontraba dedicado a la oración, cada participante terminó tan absorto en la experiencia que se le olvidó escribir el sermón por el momento. Por ejemplo, en la reunión grupal de febrero, Roberto expresó lo siguiente: «me encontraba explorando la Biblia y disfrutando de ello que me dije a mí mismo "¡qué lata! tengo que preparar el sermón, prefiero lo otro"». Mas adelante en abril, seguía topándose con este problema y comentó al respecto: «He descubierto que es muy útil trabajar con estas disciplinas y, de hecho, casi he alcanzado ese nivel... donde pensaba para mis adentros: "todo esto es fabuloso, pero ahora tengo que predicarlo"». Carmen expresó sentimientos similares: «La idea de escribir un sermón era en realidad una distracción... cuando empiezo a orar, pensando que tengo que escribir un sermón a partir de ello, el proceso se arruina». Graciela describió haber encontrado una brecha entre el tiempo de oración y el sermón. Durante la fase de investigación experimentó con varias metáforas, como «túnel», «puente» y «embudo», para describir el abismo entre los dos y cómo hacer la transición. No eligió ninguna de ellas, lo cual realmente plasmó la profunda frustración que ella tuvo. Curiosamente, Graciela fue quien inicialmente sugirió que no debería haber una dicotomía entre los devocionales personales y la preparación de un sermón. Sin embargo, para ella, la experiencia de *la lectura orante* y *la reflexión espiritual* parecían crear esa separación. En una ocasión, se refirió a que el texto le causaba fastidio: «Me hablaba de cosas que no quería compartir con la congregación». Sin embargo, la experiencia de Miguel fue la más marcada:

> Llegué al extremo en el que realmente estaba hablando con Jesús como nunca lo había hecho antes. Fue simplemente asombroso. Pero fue una experiencia asombrosamente elevada durante este tiempo personal... que a la hora de preparar el sermón experimenté el peor bajón. *¿Será que es una predicación bipolar?* Alcanzar las alturas más sublimes, y luego convertir a un sermón la paz y lo que descubrí por medio de *la reflexión espiritual*, fue como caer en un pozo sin fondo. Fue lo peor.

La oración cautivaba regularmente a los participantes hasta el punto donde misteriosamente, al menos inicialmente, se volvía contraproducente. Este dilema se intensificó porque ambas disciplinas de oración, especialmente *la reflexión espiritual*, se basan en acciones posteriores a la oración. En el capítulo 2 se citó el argumento de Brou respecto a la acción después de la contemplación y la predicación:

«Porque, así como es mejor iluminar que simplemente brillar, así mismo es mejor dar a los demás los frutos de la propia contemplación que el mero contemplar».[3] Es cierto que no todas las acciones posteriores a la contemplación justifican necesariamente un sermón, pero la lucha amenazaba con dejar a los participantes sin un sermón y esto parecía ser anatema al espíritu de ambas disciplinas de oración.

Este problema no solo amenazaba con socavar el aumento de la sinceridad personal en referencia a la honestidad y la confianza, también se opuso al progreso en torno a lograr un mayor discernimiento tal como aparece en el capítulo 3. A veces, los miembros del grupo recibieron información que consideraron demasiado específica y poco convencional como para ser aprovechada en sus sermones. Este tema fue particularmente notorio durante una reunión grupal. Elena había compartido anteriormente que las disciplinas le habían ayudado a resumir su sermón «a una oración». En su experiencia el resultado de las oraciones la equipaba para armar un sermón a partir de un tema principal. Sin embargo, Carmen comentó que había estado pensando mucho en la afirmación de Elena y esperaba que ella también pudiera resumir el tema principal de su sermón a una oración, pero no sucedió así.[4] Continuó con su observación: «Yo, que he participado en el proceso, no siempre puedo elaborar una propuesta adecuada para el sermón. Por ejemplo, esta mañana estuve orando el pasaje de Daniel 1… y la conexión personal que logré de ello no será lo que elaboraré como tema de mi sermón». Carmen explicó que al tratar la narrativa de Daniel 1 se asombró por la descripción del versículo 2 respeto al destino de los utensilios del templo de Jerusalén.[5] Describió aquel momento de esta manera:

---

3 Brou, *Ignatian Methods of Prayer*, 28.

4 Si bien Carmen era la predicadora con menos experiencia del grupo, ello fue compensado por sus estudios de posgrado a nivel de maestría y experiencia importante en el campo de la docencia, lo cual impactó la manera en que ella estructuraba y desarrollaba sus sermones. De ahí que la siguiente secuencia de eventos no puede solo atribuirse a la falta de experiencia, ya que también giró, en gran medida, en torno a consideraciones exegéticas y hermenéuticas importantes para Carmen.

5 «El Señor permitió que Joacim cayera en manos de Nabucodonosor. Junto con él, cayeron en sus manos algunos de los utensilios del templo de Dios, los cuales Nabucodonosor se llevó a Babilonia y puso en el tesoro del templo de sus dioses» (Dn 1.2).

> Realmente me impactó la *desilusión* que Dios debió haber
> sentido con el cambio de lugar de estos utensilios. De hecho,
> elaboré cuatro puntos que realmente me llamaron la atención…
> pero aquello me impactó mucho más que el resto. La *desilusión*.
> Y sin embargo… todavía creo que el tema de este pasaje trata
> sobre ellos que defendían lo que era correcto.

Carmen prosiguió a explicar que la idea central de su mensaje se centraría en el hecho que Daniel y sus colegas se negaron a comer y beber las raciones reales. La desilusión de Dios puede ser un punto principal o una ilustración, pero no la proposición y el tema del sermón. La discusión grupal resultante fue bastante enérgica ya que los participantes quedaron impresionados por la revelación de Carmen. El grupo la animó bastante a continuar con la desilusión de Dios como tema principal. Los otros miembros del grupo, incluyéndome a mí, estuvieron de acuerdo en que todos habían escuchado un sermón de Daniel 1 respecto hacer lo correcto, pero ninguno del grupo lo había considerado desde la perspectiva de la desilusión de Dios. De hecho, incluso durante el debate en torno a la desilusión de Dios, se pudo observar resultados inmediatos. Graciela comentó que cuando Carmen había mencionado este tema, sintió tristeza y esto la impulsó a considerar su propia vida y ministerio. Este incidente, en torno a los datos de Daniel 1, reveló intensamente las difíciles decisiones a las que los participantes se enfrentaron cuando tuvieron que pasar de la oración hacia la preparación formal del sermón. También demostró que, si bien el predicador podría lograr una pizca de nueva revelación, es necesario ser valiente para saber discernir cómo usar dicha información como material para el sermón. Las pautas exegéticas siguen siendo una parte importante del proceso, ya que tales conocimientos aún deben probarse. No siempre es el caso que alguna nueva revelación que se reciba por medio de la oración logre reflejar automáticamente el sentido del texto. Existe el riesgo perenne de que se fuerce el significado del texto, imponiendo alguna idea personal como si fuera el tema principal, en vez de contribuir con algún matiz adicional al sermón. El lugar que ocupa la exégesis se discutirá más adelante en este capítulo.

No se esperaba que algunos miembros del grupo lucharan con tanta intensidad respecto a estos asuntos. Sin embargo, cuatro de ellos encararon este asunto a un nivel notorio. Se esperaba que todos los miembros del grupo estuvieran de acuerdo con la clase de *ethos* que Francisco había expresado: «Me acerco a estos (*la lectura orante y la reflexión espiritual*) tal como me encuentro hoy en calidad de predicador. Y, por tanto, como soy parte de la comunidad junto con la congregación, me pregunto: "¿Qué nos está diciendo?" Manifesté mi acuerdo con los sentimientos que Francisco expresó al grupo, afirmando lo siguiente: «Hacemos todo esto con el fin de predicar… No hay nada de malo en que seamos la primera persona en ser impactada por el mensaje, para que podamos encarnarlo y predicarlo».

La razón de ser de un predicador es lograr que la Biblia sea pertinente para la iglesia de Cristo mientras esta le rinde culto a Dios y le obedece en el contexto de la época y la cultura en la que viven sus miembros. La iglesia elige a hombres y mujeres a los que reconoce que poseen el don y el llamado a estudiar, orar y proclamar la Biblia al pueblo de Dios. Por lo tanto, la iglesia posee la expectativa razonable que cuando su ministro o pastor se coloca frente a ellos para predicar, lo hace habiendo orado y estudiado la Biblia. Mientras que todos los miembros del grupo estaban de acuerdo con ello, parecía una contradicción que, en el mismo acto de preparación del sermón, el predicador oculte el fruto obtenido en sus tiempos de oración. Elena mencionó algunas de las dificultades de esta lucha. El predicador está sujeto a las mismas fuerzas de la cultura del momento. En tanto que parte de la cultura sea promover una vida frenéticamente atareada y cada vez menos tiempo de parte de los voluntarios, la principal tarea del predicador respecto a dedicar tiempo a Dios y la Biblia queda desplazada, en lugar de rechazar tales presiones. Como consecuencia, el precio que el predicador tiene que pagar es preparar sermones, como dijo Elena, «en piloto automático». No solo la eficacia del predicador queda afectada, sino también la oportunidad de mostrar a la congregación una espiritualidad marcada por estar en la presencia de Dios.

En el capítulo 1 consideramos cómo *la lectura orante* y *la reflexión espiritual* fueron, hasta cierto punto, moldeadas por la cultura de su época y aun así la trascendieron. *La lectura orante* cumplió con lo que se esperaba de ella con la llegada de la razón en el período del escolasticismo, pero también dio vida a un clima espiritual desprovisto de reflexión teológica y misterio. En el siglo XVI, *la reflexión espiritual* amplió el énfasis sobre la doctrina y la mística para incluir el uso de las emociones y la creatividad. Ignacio hizo posible que se pase de un método súper espiritual respecto al cuerpo místico de Cristo a valorar e interactuar de una manera práctica en torno a la humanidad de Jesús. Tanto Brackley[6] como Rahner[7] describieron a Ignacio y su labor como productos de su tiempo y a la vez que pudo trascenderlo.

También consideramos la predicción de Rahner acerca de la espiritualidad ignaciana que trascendió la era moderna y fue una señal del futuro que se aproximaba, un futuro en el que ciertamente nos encontramos. *La lectura orante* y *la reflexión espiritual* han demostrado ser pertinentes histórica y culturalmente, además proféticas para ese mismo contexto histórico y cultural. Ante este telón de fondo, es saludable considerar la lucha del grupo y el siguiente debate acerca de consideraciones culturales y referentes al espíritu de la época contemporánea. Mi opinión es que una de las razones por las que la lucha resultó tan intensa se debe a las peculiaridades de Nueva Zelanda, o utilizando un término coloquial, la cultura kiwi.[8] Hasta cierto grado, las normas culturales innatas usurparon el valor recién aprendido y experimentado de las disciplinas de la oración. *La lectura orante* y *la reflexión espiritual* promueven el carácter único y distinto del evangelio y que se opone al espíritu de la época. Son capaces de ubicar a la persona en un nuevo lugar desde el cual el predicador exprese el mensaje de la Biblia con un filo profético. En mi opinión, después de la oración, algunos miembros del grupo criticaron si determinadas ideas que surgieron mediante la oración eran adecuadas, dado que no se habían examinado los propios hábitos culturales. Es obvio que la cultura kiwi sazona la vida de la iglesia de Nueva Zelanda y definitivamente le da cierto matiz al ministerio de la predicación. Creo que el carácter de la predicación kiwi, que refleja la cultura kiwi, fue parte de la resistencia a incluir cierto material como parte del sermón.

Al darme cuenta de ello, me sentí confrontado y con la necesidad de reflexionar acerca de la influencia de la cultura kiwi en el púlpito. Tal ejercicio les incumbe a todos los predicadores de todas las culturas.

---

[6] Brackley, *Call to Discernment.*
[7] Rahner, *Spirituality of the Church.*
[8] Todos los miembros del grupo nacieron en Nueva Zelanda.

Preguntas en torno a Cristo, la cultura y la iglesia deben ser abordadas con el propósito de lograr discernir de una mejor manera lo que el Espíritu le dice a la iglesia de cualquier tiempo, continente y nación. Nuestro punto de referencia y ejemplo es la manera en que el Cristo glorificado y exaltado trató los problemas que existían en las siete iglesias de Asia Menor (Apocalipsis 2-3), mediante el uso constante de puntos de conexión cultural. El mensaje de Cristo a las siete iglesias se expresa en el lenguaje cultural propio de cada una de las ciudades en las que existía cada iglesia. Tanto el elogio como la corrección recibieron un contexto cultural que apelaría mejor a la sensibilidad del pueblo de Dios. Dan lugar a una lectura profunda y mordaz por medio de palabras que ofrecen consolación y al mismo tiempo perturban. Es importante que los predicadores de todo el mundo reflexionen sobre su contexto cultural, preguntándose cómo mejora o entorpece una respuesta a Cristo y su obra. Fueron esta clase de presión y descubrimiento las que propiciaron la siguiente reflexión sobre el contexto en Nueva Zelanda.

Las cualidades culturales que los predicadores kiwi demostraron poseer han sido resumidas por el acrónimo en inglés LUCIS:[9]

---

[9] Paul Windsor, «Introduction to Preaching», asignatura del Carey Baptist College, Auckland, 2005.

Paul Windsor desarrolló este acrónimo al regresar a Nueva Zelanda a fines de la década de 1980, luego de vivir mucho tiempo en la India como «hijo de misioneros» y haber logrado una licenciatura y posgrado en teología en los Estados Unidos. Su especialidad ha sido la predicación, además de sus veinte años como docente y director de universidades teológicas en Nueva Zelanda lo han hecho que destaque por el énfasis en la formación de predicadores. Inicialmente, no entendía por qué los predicadores más eficaces de Nueva Zelanda eran tan distintos a los predicadores estadounidenses y británicos más destacados. El acrónimo LUCIS resume sus observaciones. Además, observa que, si bien se valora el uso cuidadoso de las palabras y la oratoria en contextos estadounidenses, británicos e incluso indios, este no es tanto el caso en Nueva Zelanda. Señala un artículo sobre el primer ministro de Nueva Zelanda, David Lange (PM 1984-1989), que dijo que una de las razones por las cuales no duró como primer ministro fue porque utilizaba las palabras muy bien. Las habilidades de oratoria que Lange demostró tener engendraban desconfianza y sospecha entre el electorado porque no estaban seguros si lo que decía era realmente lo que quería decir. Windsor afirma que cuando se refiere a este acrónimo en sus clases de predicación se enfrenta con un efecto polarizador. Comenta que los pentecostales y las iglesias étnicas, como la china y la samoana, todavía desean ver a buenos oradores en el púlpito. La influencia de los predicadores televisivos también parece moldear las expectativas. Los pentecostales de Nueva Zelanda también tienden, en particular, a moldear a sus ministerios a partir de los ejemplos de los Estados Unidos. Windsor agrega que la opinión que surge de la mayoría de los debates en torno a LUCIS es que,

- *Laidback*: que demuestra un estilo *despreocupado*
- *Understated*: que es *discreto*
- *Conversational*: que es *conversador*
- *Informal*: que es *poco ceremonioso*
- *Self-deprecating*: que es *autocrítico*

Estas cinco características ejercen un gran peso a la hora de predicar el sermón y revelan la clase de predicación que se identifica con los neozelandeses. Sin embargo, las características de LUCIS no se encuentran separadas de la etapa de preparación del sermón. De estas cinco características, parece que la tendencia de los predicadores neozelandeses por ser discretos, poco ceremoniosos y autocríticos constituía un factor cultural que influía los resultados de la investigación. Ser discretos se traducía en negarse a incluir material que pudiera interpretarse como que están por sobre los demás y por ende sufrir el destino de los profetas en su propia tierra. Ser poco ceremoniosos significaba que, si se utilizaba cierta información, esta debía reducírsele el tono para que el sermón no sea tan pesado o fuerte. Ser autocrítico significaba que la información que se compartía debía inmediatamente volverse en contra del predicador, con el fin de respetar la valiosa tradición cultural del igualitarismo.

Las normas culturales más importantes de Nueva Zelanda pueden resumirse en dos: modestia y moderación.[10] Estos dos rasgos culturales parecían ser la fuente de dificultad que los participantes experimentaron a la hora de articular lo que notaban durante la oración. Un sermón audaz se enfrentaría con la norma cultural respecto a ser humilde, discreto y evasivo. La característica cultura de la moderación contiene un aspecto negativo que causa que la persona sea exageradamente cauta, lo cual se hizo evidente cuando el grupo discutía qué se debía incluir en el sermón a partir del tiempo de oración.

Aunque el grupo no logró discutir aspectos específicos de la cultura neozelandesa, en varias ocasiones sí se llegó a debatir el efecto que los distintos tipos de personalidad ejercen en el uso de las disciplinas de

---

debido a la influencia del pentecostalismo y el crecimiento de las iglesias étnicas en Nueva Zelanda, puede que la realidad de LUCIS en la predicación este cambiando.

[10] Cathrin Schaer, «She's Right, Mate», *Canvas* (2006): 11.

oración. Esa discusión se centró mayormente, pero no solamente, en los indicadores Myers-Briggs (MBTI por sus siglas en inglés) y hasta cierto grado empezó a señalar las influencias sociales y culturales en la predicación. Aquellos miembros del grupo que conocían su propio perfil MBTI utilizaron esto como punto de partida para su propia reflexión. Fue el consenso del grupo, basado en este ejercicio de investigación, que independientemente del tipo de personalidad que uno tuviera, todos debían participar en las oraciones. Consideraron que una vez que se involucraran en las disciplinas de oración, cada tipo de personalidad asumiría el rumbo, o según lo describió Elena: «se convertiría en el aire que respiran». Curiosamente, la respuesta que el grupo ofreció frente a la pregunta «¿recomendarías estas disciplinas de oración a todo tipo de personalidad o exigirías requisitos?», fue que la gente debía comprometerse y perseverar. Elena proporcionó una respuesta representativa del hallazgo grupal: «Supérate a ti mismo. No te des por vencido tan fácilmente porque *la lectura orante* y *la reflexión espiritual* son importantes». La reflexión en torno a los tipos de personalidad se ubica en las discusiones sobre aspectos culturales, pero la falta de reflexión se complementa bien con la discusión de aspectos culturales y ello era un punto ciego para ellos. Considerando la integridad con la que el grupo luchó con aspectos de la personalidad, tengo la seguridad de que si se hubieran abordado categorías culturales, su respuesta habría sido parecida.

Ya que la discusión sobre los distintos tipos de personalidades produjo que se respaldaran *la lectura orante* y *la reflexión espiritual*, creo que, con el tiempo, habrían respaldado lo mismo en relación con aspectos históricos y culturales. En calidad de investigador principal de este ejercicio, asumo la responsabilidad por no haber identificado aspectos culturales más tempranamente y así facilitar una discusión al respecto. Sin embargo, durante el análisis de los datos de campo y mi propio análisis de la cultura kiwi, les compartí mis comentarios a los participantes con el propósito de que me dieran sus opiniones al respecto. Les sugerí que los aspectos relacionados con la modestia y la moderación pudieron haber influenciado su decisión respecto a incluir en el sermón datos obtenidos de la oración. De los siete miembros del grupo, seis pudieron responder mi mensaje. Aunque sus respuestas vía correo-e no se comparan con un encuentro cara a cara, cuatro miembros del grupo estuvieron de acuerdo conmigo y dos no. Sin embargo, dado que ambas disciplinas de oración han demostrado históricamente la capacidad de permitir que los cristianos confronten el contexto de su cultura y la superen, es emocionante tomar en cuenta que el grupo logró experimentar el inicio de ello. Y esto se logró a pesar de que no lograron explicar con detalles e identificar aquel aspecto precisamente durante la etapa de investigación. En la respuesta que Julia ofreció, señaló que «tomando en cuenta el contexto kiwi de modestia y moderación, creo que este proceso me ayudó a sentirme más confiada de que tenía algo que ofrecer». Además, esta confianza se basaba mayormente en la clase de contenido y revelaciones producto de estas dos disciplinas. Por lo tanto, en una cultura donde se ve mal que uno se use como ejemplo, se lograron abrir nuevos caminos para que los predicadores puedan manifestar su liderazgo y demostrar a sus congregaciones aquella vocación: «Imítenme a mí, como yo imito a Cristo» (1Co 11.1).

El valor del tercer preludio de la reflexión espiritual

A pesar de que la lucha fue intensa a la hora de decidir si se debían predicar las revelaciones adquiridas durante la oración, al final estas revelaciones jamás fueron dadas a conocer. En cierta medida, se logró aliviar lo difícil de la transición entre la oración y la preparación del sermón, gracias a un inesperado trimestre. Al principio, el grupo no lograba entender y poner en práctica el tercer preludio de *la reflexión espiritual*. El tercer preludio es el momento de la oración donde se ruega por la gracia de Dios (véase capítulo 2). Sin embargo, aunque este aspecto inicialmente causó la mayor consternación dentro del grupo, finalmente resultó ser la parte de la oración que produjo mayores resultados. Los participantes tuvieron que practicar la oración ignaciana de dos a cuatro veces antes de que logren entenderla a profundidad. Julia acotó: «la primera vez que traté con aquella disciplina en particular tuve dificultades… la siguiente vez de pronto la logré entender. Y creo que es algo que requiere práctica y experiencia». Para Miguel fue muy difícil conectarse con *la reflexión espiritual* y la falta de tiempo lo hizo más difícil. En este contexto, el tercer preludio se convirtió en una característica redentora y definitoria. «Pero debo decir… que, aunque luché con *la reflexión espiritual* y el tiempo que requiere, lo bueno en todo ello es que encontré gracia». También Carmen en un inicio no entendió el sentido del tercer preludio, pero en la segunda reunión grupal dijo que era «una de las partes más importantes de *la reflexión espiritual*, ahora que la entiendo». Una vez que el grupo entró en el ritmo del tercer preludio, su efecto fue evidente, especialmente para tres miembros del grupo. Demostró ser la característica que consolidó el tiempo de oración y el contenido del sermón.

Parece que la oración y el esfuerzo adicional del tercer preludio superaron cualquier impresión de fracaso en el tiempo de oración. Miguel comentó respecto a cómo, aunque su preparación no iba del todo bien, el orar por la gracia de Dios cristalizaba cualquier elemento dispar. Dijo al respecto: «sin tomar en cuenta cuán bueno o malo o indiferente haya sido el sermón, yo oraba, "Señor, sé que de esta manera cumples tu voluntad"». Carmen describió la manera en que el uso del tercer preludio logró desarrollarse en la preparación de su sermón y pasar hacia su congregación:

> Descubrí que la gracia era lo más poderoso… también en relación con el sermón, que parecía ser lo que había pedido como respuesta a este pasaje. Cuando preparas un sermón quieres que las personas respondan de alguna manera y es la gracia lo que me sostiene. ¿Qué es lo que estas pidiendo de mí en este pasaje? ¿Cómo puedo interactuar con el pasaje personalmente? Y es así como utilizo la gracia.

Después de finalizar la fase formal de la investigación, Carmen me escribió un comentario respecto al tercer preludio: «he descubierto que la "gracia" de *la reflexión espiritual* es mucho más fácil de traducirla en una idea central para el sermón, se trata de una configuración clásica y concisa». Todo parece indicar que, según la experiencia del grupo, este elemento en particular hacía más evidente el movimiento del Espíritu. Por tanto, la experiencia y obra del Espíritu les daba confianza, valentía y convicción para hacer que el contenido de la oración se convierta en el contenido del sermón. En la última reunión del grupo, se invitó a los participantes a completar la siguiente frase: «A la luz de esta experiencia, nos pareció bien al Espíritu Santo y a nosotros…».[11] Julia terminó la oración de la siguiente manera: «que, a pesar de la incomodidad inicial y nuestra dificultad de entender el tercer preludio de *la reflexión espiritual,* pedir por la gracia de Dios es la parte más potente de la oración». En tanto que los participantes recibieron respuesta a sus oraciones respecto a recibir gracia, posteriormente se sintieron inspirados y obligados a convertir esto en su tema principal y unificador del sermón. Si bien el grupo no discutió si hubo alguna característica correspondiente en *la lectura orante,* personalmente identificaría a la *oración* como el elemento más cercano al tercer preludio. Y aunque la palabra o frase identificada durante la *lectura* no siempre se tradujo como el principal impulsor del sermón, tal tema surgiría en las últimas etapas de la oración como el punto inicial del proceso de elaboración del mensaje. Desde mi experiencia, durante mi tiempo de respuesta y oración, el tema principal del sermón se iba aclarando y el movimiento del Espíritu se consolidaba. Fue el efecto de la *oración* el que generaba «la recuperación del fervor» y me daba energía para comenzar a formular el sermón.

El lugar que ocupa la exégesis

En términos del valor para la predicación, el método exegético histórico-crítico ocupó un lugar destacado. Se debe reconocer que la definición del «método histórico-crítico» es algo variable y que «quizá sea más adecuado referirse a "métodos histórico-críticos" (en plural) en lugar de «un solo método histórico-crítico» (en singular)».[12] El centro de atención de este trabajo da por sentado la continua influencia del método histórico-crítico sobre la predicación semana tras semana. Como disciplina, este método se asegura de que el predicador estudie el texto con integridad. Sin embargo, no está exento de problemas:

> Las limitaciones del método histórico-crítico en el campo
> de la crítica bíblica y su complicidad con la modernidad

---

[11] Esta frase está inspirada en Hechos 15.28 (el concilio de Jerusalén).

[12] Sidney Greidanus, *The Modern Preacher and the Ancient Text: Interpreting and Preaching Biblical Literature* (Grand Rapids: Eerdmans, 1988), 25.

limitan la lectura participativa de la Biblia y la adquisición de conocimiento más amplio y fecundo. Mientras que este método posee un enorme valor a la hora de considerar la situación histórica del texto, también infringe la naturaleza misma del texto que se está interpretando.[13]

Dada su propia naturaleza, la Biblia se empeña por evocar la participación total del lector.[14] Sin embargo, debido a que el método histórico-crítico no surgió desde la Reforma sino desde la Ilustración, su visión de la historia es una de causa y efecto y, como tal, presupone un universo cerrado que no se adapta fácilmente al dinamismo de la Biblia.[15] «Históricamente, el método histórico-crítico surgió desde afuera y no a partir de la mismísima naturaleza de la fe».[16] Todos los participantes eran exégetas calificados y tomaban muy en serio la importancia de estudiar el texto de manera concienzuda y convencional. Sin embargo, antes de su involucramiento con este ejercicio, reconocieron los peligros y dificultades del manejo frecuente de la Biblia, como se describió en el capítulo 1. El principal peligro era sentirse impasible e indolente ante las mismas Escrituras que estudiaban para el sermón. Vimos un correctivo para ello en el capítulo 3 con la experiencia de los miembros del grupo que había logrado recuperar su primer amor por Dios y su pasión por la predicación. Sin embargo, también experimentaron los beneficios de permanecer comprometidos con una exégesis solida en combinación con las disciplinas de oración. Mientras que el tercer preludio ayudó a aliviar la tensión a la hora de hacer la transición de la oración al contenido del sermón, los métodos tradicionales de exégesis demostraron ser un socio útil en el proceso. Sin embargo, resultó crucial elegir bien el momento para hacer exégesis.

---

[13] Laurel Gasque, «The Bible of the Poor: An Example of Medieval Interpretation and Its Relevance Today», en *Imagination and Interpretation: Christian Perspectives*, ed. Hans Boersma (Vancouver: Regent College, 2005), 66.

[14] Eugene H. Peterson, *Reversed Thunder: The Revelation of John and the Praying Imagination* (San Francisco: HarperSanFrancisco, 1988).

[15] George E. Ladd, «The Search for Perspective», *Interpretation* 25, no. 1 (1971); Greidanus, *The Modern Preacher*; William W. Klein, Craig L. Blomberg and Robert L. Hubbard Jr., *Introduction to Biblical Interpretation*, 2ª ed. (Nashville: Thomas Nelson, 2004); Gasque, «The Bible of the Poor».

[16] Ladd, «The Search for Perspective», 49.

Todos los miembros del grupo, sin excepción, descubrieron que el mejor momento para hacer la exégesis era después de orar el texto utilizando una de las dos disciplinas. Como era de esperar, el consenso fue que consultar comentarios bíblicos como primer paso influiría exageradamente la lectura y oración del texto principal. Los participantes prefirieron interactuar con el texto antes de pensar en el tema, la estructura del sermón o el trabajo necesario con el idioma o contexto del texto. Cuando surgieron dificultades durante la oración y un pasaje resultó demasiado difícil para proceder razonablemente, entonces se consultaron fuentes secundarias para ayudar al participante. Julia describió uno de esos eventos cuando utilizó *la lectura orante* para un pasaje de 1 Corintios:

> Estaba a la mitad de *la lectura orante* y pensé, «esto será un desastre». Fue útil consultar un comentario porque me ayudó a entender el texto y me hizo darme cuenta de que podía armar un sermón con lo que estaba aprendiendo del texto. Necesitaba leer un poco mas antes de avanzar.

A partir mi propia experiencia, cuando intenté orar el libro de Amós, descubrí que tener una mejor idea del contexto político y ambiente espiritual de la época era un paso adecuado antes de comenzar mi oración. Sin embargo, estudiar el pasaje verso por verso utilizando un comentario habría sido contraproducente. Esta clase de consulta previa fue poco común en el grupo. A lo largo de los cuatro meses de la fase de investigación, se descubrió que los participantes aplazaron instintiva e intencionalmente la tarea exegética hasta después de orar. Para los miembros del grupo, este desarrollo en la preparación de sermones demuestra la existencia de los dos niveles de interacción con el texto bíblico, lo cual tratamos en el capítulo 1, pero también ofrece una adaptación. En el capitulo 1, se mencionó la exhortación de Merton[17] respecto al primer nivel, el trabajo exegético, que conduce a un segundo nivel, donde hay una relación más profunda y personal con el texto. Merton, que cita a Bultmann, propuso que el primer nivel es una preparación para el segundo. La experiencia del grupo demostró que existe un efecto muy potente cuando los dos

---

[17] Merton, *Opening the Bible.*

niveles tienen una relación orgánica; sin embargo, contrariamente a la prescripción de Merton, los siete miembros descubrieron que se dedicaban al segundo nivel antes que al primero, el cual favorecía una compenetración más profunda y personal con el texto. Además, dar a entender que el primer y segundo nivel son autónomos y sus categorías claras es incorrecto. Si bien hubo fases evidentemente separadas entre la oración y el trabajo exegético, a lo largo del tiempo de preparación del sermón hubo un trasfondo de interacción entre ambos. Independientemente de cuán familiarizados o inseguros estaban con un texto en particular, los participantes llegaron al tiempo de oración con instintos exegéticos. Por otra parte, durante el trabajo exegético y más académico, el espíritu de oración seguía guiando e iluminando su trabajo. Este último punto se discutirá con más detalle en el capítulo 5, cuando resaltemos los hallazgos relacionados con el concepto de *contemplativos en la acción*.

Una vez terminada la oración, se descubrió que el tiempo de exégesis no se opuso vehementemente al fruto ganado por el tiempo en oración. De hecho, el grupo descubrió que su formación exegética les proveyó tranquilidad y se refirieron a ella positivamente usando expresiones de cumplimiento de las normas. Elena comentó al respecto: «creo que la exégesis se convierte en una especie de policía. Se convierte en un monitor a lo largo del camino cuando tomas desvíos hacia otros métodos. Te advierte si estas cayendo a lugares subjetivos sin sentido». Carmen dijo que ella jamás trataría de usar las disciplinas de oración sin combinarlas con la disciplina de la exégesis y se refirió a una relación orgánica entre ambas: «*La lectura orante* y *la reflexión espiritual* en realidad revelan las preguntas con las que trabajaré en el tiempo de preparación restante». Testificaron tener un mayor grado de confianza a la hora de lidiar con el texto, gracias a la oración y a un sentimiento de seguridad, sabiendo que las revelaciones que han percibido tendrían luego que pasar por el estudio exegético histórico, crítico y gramatical. Como lo describió Julia, «este proceso tiene dos alas, porque jamás quisieras seguir confiadamente tu propio camino sin verificar tu proceso exegético».

Boersma ha identificado la pérdida que sufren aquellos que confían únicamente en el método histórico crítico, afirmando lo siguiente: «La necesidad de tener el carisma de la revelación espiritual sigue siendo un acertijo para aquellos que se limitan a una pura interpretación histórica y al propósito del autor según criterios "objetivos"».[18]

Los miembros del grupo acudieron a este ejercicio de investigación en calidad de predicadores cuya tendencia a preparar sermones se basa en descubrir la interpretación histórica y el propósito del autor, pero tenían ansias de saber más. El reconocimiento de la necesidad por lograr el carisma de la revelación espiritual no era un acertijo para ellos, pero cómo lograrlo posiblemente que sí. Mientras oraron y experimentaron este carisma, también apreciaron el valor del método histórico-crítico y la suma era mayor que las partes. En la última reunión, un miembro del grupo lamentó el hecho de que las disciplinas de oración no formen parte de la formación homilética junto con la exégesis y la hermenéutica. Junto con el tercer preludio, el trabajo exegético posterior a la oración ayudó a aliviar la angustia de decidir qué incluir en el contenido del sermón.

Antes de dejar esta discusión en torno a la exégesis, es necesario que comente respecto a otro aspecto. Cuando el grupo reflexionó sobre la presión de decidir qué parte de la oración se incluiría en el sermón, fue común que ellos mencionasen tener temor a que las revelaciones obtenidas en el tiempo de oración fueran tan solo eiségesis. La eiségesis es la costumbre de leer entre líneas, de forzar suposiciones que no están en el texto y así obtener interpretaciones que son contrarias a su propósito. Miguel comentó al respecto: «pienso y me pregunto, ¿qué parte es profética? ¿qué parte es sencillamente mi opinión? y ¿cuál de ellas es eiségesis?» En el contexto de esta investigación, el término «eiségesis» tendía a usarse de una manera demasiado meticulosa ya que los miembros del grupo se esforzaban por abordar de la mejor manera posible las revelaciones que recibían durante la oración. Curiosamente, cuando se hablaba de la eiségesis, era por lo general señal que algún miembro del grupo realmente se había encontrado con Dios y el texto y ahora luchaba por descubrir cuál era la mejor forma de presentarlo en su sermón.

---

[18] Hans Boersma, «Spiritual Imagination: Recapitulation as an Interpretative Principle», en *Imagination and Interpretation: Christian Perspectives*, ed. Hans Boersma (Vancouver: Regent College, 2005), 31.

Como grupo, comenzaron a descubrir una clase de eiségesis que puede enriquecer el sermón, en lugar de representar todo lo que está mal con la predicación. Durante su preparación, los predicadores luchan contra un secreto incómodo: se necesita de la eiségesis cuando se trata de hacer exégesis. En el momento de estudio y aplicación hay una interacción entre exégesis, hermenéutica, temas contemporáneos importantes, encuentros espirituales, creatividad y el espíritu de la época. "La manera más osada de decirlo es que hay cierta clase de eiségesis, la que hace que estemos presentes ante el texto y estemos apasionadamente concentrados para escuchar aquella Palabra que se dirige a nuestro mundo, no es un pecado que debemos evitar, sino un requisito sumamente importante para una *exégesis* productiva».[19] Nichols[20] defiende la solidez de la Biblia al afirmar que esta puede sostener una conversación con un lector que se acerca a ella con ideas e incluso respuestas. Ello da por sentado que el lector esté consciente de sus limitaciones humanas y se comprometa a responder con honestidad los argumentos que la Biblia presenta como respuesta. Nichols afirma lo siguiente:

> De hecho, la conclusión de esta charla sobre «eiségesis» probablemente tiene que ser que no hay poder en la tierra que pueda detenernos de leer el texto entre líneas sin importar cuán piadosamente hayamos pensado que estamos preparados para su otredad. Incluso si nuestra comprensión de los procesos de la percepción o la comunicación humana sean remotamente precisos.[21]

En el capítulo 1, se ofreció un resumen de las características de la interpretación bíblica en la premodernidad, modernidad y posmodernidad. Goldingay[22] sugiere que ahora es el tiempo de tomar lo mejor de todas estas eras y sintetizar sus aspectos sólidos. En medio de su experiencia como participantes del estudio, el grupo pudo haber prematuramente rechazado como eiségesis algo que podría ser el inicio

---

[19] Long, «The Use of Scripture», 349, énfasis en el original.
[20] J. Randall Nichols, *Building the Word: The Dynamics of Communication and Preaching* (San Francisco: Harper & Row, 1980).
[21] *Ibid.*, 28.
[22] Goldingay, «Pre-Modern, Modern and Post-Modern», 19.

de tal sinergia. Aunque dieron su completo apoyo a orar la Biblia antes de realizar un estudio histórico crítico, el costo invisible de ello fue la exasperante e infundada inseguridad de sentirse culpables por haber recurrido a la eiségesis. En tanto que los participantes tenían ahora en su haber una experiencia contemporánea de primera mano con el texto y que luego la contrastaron y compararon con la experiencia del autor original y sus lectores por medio de la exégesis, en efecto habían cometido cierta forma de eiségesis. No hubo evidencia de que algún participante actuara de manera irresponsable en el proceso, pero sí fue evidente de que esta clase de eiségesis merece que sea reintegrada a los ministerios de predicación.

En este segundo grupo de temas hemos considerado cuatro asuntos específicos. Dos de ellos (encontrar tiempo ininterrumpido para dedicarse a la oración y tratar de decidir cuál de las revelaciones que surgen de la oración son las más adecuadas para el sermón) representaron momentos difíciles para los miembros del grupo; los otros dos problemas (el tercer preludio de *la reflexión espiritual* y el papel que juega la exégesis en todo el proceso) resultaron ser esclarecedores y útiles. Vimos los efectos que experimenta el predicador cuando se siente abrumado por las cargas pastorales y otras responsabilidades aparte de su dedicación a la oración y al estudio de la Biblia. Vimos también que los participantes demostraron un corazón receptivo al movimiento del Espíritu cuando oraron la Biblia con *la lectura orante* y *la reflexión espiritual*. En ese punto el predicador fue confrontado con revelaciones nuevas y personales, lo cual le generó mayores retos al cuestionarse su aptitud para compartir esto en público. El trasfondo y contexto cultural agravaron esta dificultad, especialmente en relación con las normas de modestia y moderación de la cultura kiwi. Sin embargo, estas limitaciones se redujeron cuando los participantes lograron experimentar la gracia de Dios gracias al tercer preludio de *la reflexión espiritual*. La revelación de la gracia surgió como vehículo para el sermón y los temas principales se reunieron alrededor de este. Además, una atención seria a los métodos exegéticos convencionales después de la oración, donde las revelaciones se ponían a prueba mediante una erudición seria, fue muy útil a la hora de combatir estas dificultades. Por otro lado, hubo una notoria aversión o casi una minuciosidad exagerada, en torno a cualquier sospecha de haber cometido eiségesis.

Sin embargo, los participantes comenzaron a experimentar una especie de eiségesis que no fuerza al texto, sino que contribuye a la experiencia de su mensaje. Posteriormente, los participantes se hallaron ocupando un nuevo espacio ministerial ante sus congregaciones, Dios y el mundo. Ahora nos enfocaremos en este ultimo grupo de temas.

Capítulo 5

La reorientación

En el capitulo 3 se dieron a conocer las primeras razones para que los participantes accedan a ser parte de la investigación, además de las expectativas del proceso. Ello incluía recuperar la pérdida de la relación con Dios y la pasión por la predicación. El sentido de pérdida de la relación con Dios y la predicación se intensificó por el peso de la responsabilidad de ministrar fielmente al pueblo de Dios. Por consiguiente, cualquier beneficio no sería solo para la edificación personal del predicador, sino también para las personas a las que servía. Hubo una hermosa simetría en la intención del grupo respecto a amar a Dios y servirle y amar a aquellos a quienes fueron llamados a ministrar. El comentario de Miguel en el día de la capacitación sirvió de ilustración; dijo que veía esta investigación como «un proceso de incorporación a mi vida y al ministerio en la iglesia». Elena contribuyó al identificar un tema en común a partir de la discusión del grupo: ¿cómo se relacionaban sus congregaciones con la Biblia, y si ellos como predicadores omitían cualquier cosa en sus ministerios que obstaculice la conexión de sus congregaciones con la Biblia? Carmen resumió la tarea compartida que tenían como predicadores: «No importa cuántas técnicas tengas, lo importante es que te conectes con la gente, la lucha consiste en lograr esa conexión». Este deseo era una característica unificadora desde el inicio y su realización era una fuente constante de ánimo. En el capitulo 3, comentamos un aumento en el nivel de sinceridad del predicador. Una faceta fuerte de aquella sinceridad se tradujo en un nuevo sentido de conexión con la congregación, algo que los siete miembros del grupo experimentaron. En este capítulo discutiremos las nuevas formas de conexión con la congregación que surgieron a partir de esta investigación, además del poder de la creatividad y el efecto mas extenso que ambas disciplinas de oración tuvieron.

Nuevas conexiones con la congregación

Los participantes manifestaron que uno de los indicios respecto a un nuevo sentido de conexión con la congregación fue la fidelidad con la que predicaban. Aunque todos los participantes experimentaron ello de una manera u otra, cuatro de ellos en particular fueron los que notaron el cambio. El contenido del sermón tenía un nuevo sentido de pertinencia y peculiaridad que podía usarse con una congregación, pero no necesariamente con otra. Por ejemplo, para el domingo de Pascua, dos miembros del grupo se concentraron en la palabra «amanecer» para su sermón. Un participante desarrolló el tema en torno a que el amanecer significa que vamos poco a poco tomando conciencia de que la resurrección ha sucedido. El amanecer estuvo marcado por la incertidumbre y la cautela de los protagonistas de la historia, a medida que iban pasando lentamente de la oscuridad de aquella noche a la luz del alba y sacaban conclusiones de lo sucedido. Este sentido dio sabor a todo el culto dominical, no solo al sermón. Un segundo participante también abordó por separado el tema del amanecer y según su contexto exaltó el nuevo amanecer para Pedro y toda la humanidad. En contraste con el otro participante del grupo, esta participante lo aplicó de una manera más inmediata y festiva. Mientras compararon su material, la precisión para sus contextos era evidente y el valor para cada congregación era obvio. Se logró remplazar una aplicación demasiado general y aburrida respecto al texto. Haberle prestado atención al texto por medio de la oración, produjo que se le prestara atención a la congregación en particular y por tanto se pudo experimentar la Palabra de Dios de una nueva manera.

Los participantes describieron un potente cambio desde sus experiencias individuales en la participación comunitaria, al tal punto que encontraron una solución a la dificultad de decidir qué percepciones de su tiempo de oración incluirían en el sermón (ver capítulo 4). La manera en que Julia describió su cambio desde su propio encuentro durante la oración a la redacción y entrega del sermón fue así: «Hasta cierto punto es "yo, yo, yo", pero desde aquel nuevo entendimiento he logrado elaborar un sermón que se trata de "nosotros, nosotros, nosotros"». Roberto lo describió así: «Creo que llegas a la esencia de no solo lo que Dios quiere decirte a ti como persona que se ocupa del texto, sino lo que Dios quisiera decirle a la gente también». Los miembros del grupo y sus respectivas congregaciones disfrutaron un nuevo sentido de comunidad mientras el predicador y la congregación se relacionaron con la Palabra de Dios y escucharon con suma atención mientras la Palabra cobraba un nuevo sentido de urgencia y particularidad. Roberto describió la manera en que las disciplinas de oración facilitaron, por un lado, una nueva conciencia respecto a la variedad de personas a quienes predicaba, y, por otra parte, una respuesta comunal. Refiriéndose al efecto de predicar la parábola del hijo prodigo, dijo lo siguiente: «De repente sentimos [la congregación] como que comenzábamos a entender cómo se siente la gente». Así como la contemplación genuina debe producir un aumento de la gracia y compromiso con Cristo, también debe generar mayor unidad y testimonio dentro de la iglesia. La Palabra, la iglesia y Cristo son inseparables, y esta relación dinámica ha sido descrita por medio de una imagen que los padres de la iglesia usaron en sus escritos:

> María, la madre de nuestro Señor… fue quien recibió la Palabra de Dios por excelencia. Recibió la Palabra en su mente antes de que la Palabra se hiciese carne en su cuerpo. En aquellos meses secretos donde valoraba y nutría la Palabra, ella se convirtió en el modelo de la iglesia contemplativa. Aquellas palabras de la anunciación, ¿por qué no pudieran también ser las nuestras cuando damos inicio a nuestra *lectura*?: «He aquí la sierva del Señor; hágase conmigo conforme a tu palabra» (Lc 1.38 RVR).[1]

En la medida en que los participantes lograron establecer nuevas conexiones con la congregación, se unieron de hecho a la oración que el predicador originalmente había orado y producto de ello lograron empaparse de la Palabra. Cuando Nouwen explica Lucas 6.12-19,[2] describe el modelo del ministerio de Jesús como, primero,

---

[1] Casey, *Sacred Reading*, 43.
[2] Henri Nouwen, «Moving from Solitude to Community to Ministry», *Leadership* (Spring 1995): 81–87.

orar y escuchar a su Padre; segundo, reunir una comunidad después de haber orado; y tercero, ministrar juntos. Para Nouwen, este orden puede invertirse equivocadamente, por ejemplo, uno trata de ministrar sin lograr resultados, luego trata infructuosamente de apelar a la comunidad en busca de ayuda, y sólo entonces se recurre a la oración como último recurso. Las dos disciplinas de oración guiaron a los miembros del grupo al modelo del ministerio de Jesús. Así fueron capaces de experimentar un movimiento de la oración individual hacia la unidad de la comunidad y una respuesta basada en un compromiso colectivo con la Biblia.

Los detalles respecto a cómo lograron desarrollar una conexión con la congregación fueron variados y no siempre fáciles de identificar; sin embargo, surgió un común denominador. En ocasiones, varios de los predicadores expresaron que habían estado tan llenos de energía y tan involucrados en la oración que no podían esconder aquella experiencia cuando predicaban. Sintieron la obligación de involucrar de alguna manera a sus congregaciones y compartir el llamado del texto y la revelación que habían logrado discernir. La manera más común en que los participantes hacían esto era básicamente repasando la experiencia de la oración durante el sermón y, al hacerlo, invitaban a la congregación a que se les uniesen. Miguel manifestó que luego de haber contemplado un acontecimiento del evangelio, se logró sentir tan cautivado por la naturaleza radical de las palabras de Jesús que:

> No pude hacer nada más que invitar a estas personas: «Miren, unámonos a la multitud hoy. Tienen que entrar y escuchar las palabras de Jesús. Quiero escuchar. Imagina que eres parte de la gran multitud que le escucha… Unámonos a la multitud ahora y escuchémoslo». Realmente quería que estuvieran allí por la naturaleza radical de lo que Jesús me decía y me volvía a decir.

Carmen tuvo una experiencia parecida. Durante un sermón, «le dije a la congregación lo que en realidad había hecho durante la oración, y luego pude observarlos expresarse de la misma manera». Elena también compartió abiertamente los eventos de su oración y posteriormente condujo a su congregación a una escena del evangelio. Reflexionando sobre el resultado, ella comentó: «Fue maravilloso». Esta experiencia se asemeja a la de Jeremías (Jer 20.9), donde la Palabra es como fuego ardiente metido en los huesos y no hay otra opción que describirlo tal como es. Un aspecto interesante de este hallazgo es que fue completamente inesperado. Los miembros del grupo no recibieron entrenamiento alguno para esto y tampoco se los desanimó de hacerlo. Surgió en cada uno de ellos de manera independiente y, sin embargo, sucedió colectivamente. Al principio, varios de los participantes cuestionaron si debían compartir el funcionamiento interno de su tiempo de oración, pero concluyeron que era el enfoque más adecuado. Miguel comentó acerca de su experiencia: «cuando leo la Biblia realmente deseo que las personas se acerquen a ella. O cuando estoy predicando o construyendo una escena, quiero que ellos también la imaginen». En última instancia, se trataba de una manifestación del nuevo nivel de confianza, sinceridad y conexión que estaban disfrutando con Dios y su pueblo.

La creatividad

En el capítulo 1 describimos aquella antigua y generalizada exhortación a recobrar el papel que juega la creatividad en la predicación. Hasta cierto grado de importancia, el origen de esta investigación fue una respuesta a aquella exhortación y su principal hipótesis fue que mediante el uso de *la lectura orante* y *la reflexión espiritual* la creatividad lograría destacar en la predicación. La discusión planteó una definición que postulaba que la creatividad tiene que ver más con reconocer la presencia de Dios que inventarse algo *ex nihilo*. A lo largo del período en que los participantes predicaron y se reunieron como grupo, experimentaron destellos del poder de la creatividad como se describe y define en el capítulo 1. Sin embargo, como investigador principal noté que la confirmación de la hipótesis por parte de los participantes tendía a ser más explícita cuando la discusión no se centraba específicamente en la creatividad *per se*. Su reflexión y experiencia en relación con la preparación del sermón demostró momentos en los que la creatividad reveló la presencia de Dios de la manera, por ejemplo, que MacDonald había propuesto.[3] Sin embargo, cuando decidí concentrar la discusión en la creatividad

---

[3] MacDonald, *A Dish of Orts.*

y pregunté sobre su experiencia al respecto, las respuestas de los participantes tendían a volverse más prudentes y discretas. Casi parecía que, en primera instancia, la incursión hacia la creatividad era más experiencial e instintiva que cognitiva. Las secciones y capítulos anteriores, que discuten la recuperación del primer amor del grupo hacia Dios y la predicación, la sinceridad, el habitar el texto y conectarse de nuevas maneras con la congregación son evidencia de la experiencia y desarrollo instintivo de la creatividad. Estas características manifestaron una mayor toma de conciencia respecto a sus contextos pastorales y ministerios de predicación, que habían recibido nuevos bríos porque estaban más consciente de la presencia y obra de Dios. Esta nueva visión y este nuevo nivel de conciencia fueron afirmados por una creatividad cuyo ímpetu y forma surgieron del profundo compromiso con la Biblia. Más adelante, en este capítulo, la discusión sobre los *contemplativos en la acción* ofrecerá ejemplos de ello. Aun así, hubo varias ocasiones en las reuniones del grupo en las que deliberadamente dirigí la discusión en torno a la creatividad, y a continuación ofrezco un resumen de esas discusiones.

En la segunda reunión del grupo, seis de los siete participantes informaron que habían empezado a experimentar un resurgir de su creatividad. Elena habló de un efecto de gran alcance en su congregación. Ya existían planes en marcha en su iglesia cuando, como parte de esta investigación, ella decidió predicar el pasaje de Isaías 58.1-12 (el verdadero ayuno). Refiriéndose a la creatividad, comentó lo siguiente: «Efectivamente, sucede como una chispa… se ha sentido como que ha logrado capturar la creatividad de toda la congregación. Pero, diría que mi intuición, mi reacción inicial, siente que hay un poco más de vida y visión». Julia se refirió a un cambio de pensamiento durante el tiempo de preparación del sermón: «Pero experimentar un cambio de visión como punto de partida, ha resultado ser muy útil para mí». A medio camino de la etapa de investigación en las reuniones del grupo, el principal tema de conversación fue la definición respecto a la creatividad que se dio en el capitulo 1. Específicamente, se les preguntó a los participantes si estaban de acuerdo con la definición «la creatividad es el medio por el cual logramos sintonizarnos con la constante realidad de la encarnación». Uno de los participantes no estaba seguro, mientras que el resto lo afirmó de distintas maneras.

En lugar de ser más consciente de la encarnación en su entorno, Carmen describió su experiencia en términos de «trabajar en sentido contrario. Encarnarme en la historia bíblica». Por sí mismo, aquello fue un descubrimiento maravilloso que sirve de ejemplo respecto a lo que Peterson afirma sobre el mundo de la Biblia, que debería ser el criterio para definir la vida, en vez de que la vida exista sin referencia a la Biblia.[4] En la penúltima reunión, se invitó a los miembros del grupo a que llenen un documento para medir el efecto de la creatividad. Algunas de las respuestas a la frase «En mi predicación, durante este proceso, la creatividad…» fueron las siguientes:

- «me ha ayudado y animado»
- «es un medio de ayuda»
- «me transporta a la escena bíblica»
- «expandió mi entendimiento respecto a lo que Dios dice. He logrado cierto desarrollo y crecimiento en el área de la creatividad».
- «me ha servido para descubrir nuevas cosas en la preparación de mi sermón. Ha sido una bendición e inspiración».

En la última reunión del grupo se repasó la descripción de la creatividad y se les preguntó a los participantes si habían logrado mejorar su percepción de la encarnación. El comentario de Julia representó el sentimiento del grupo, en la medida que manifestó acuerdo con cierta cautela, ligeramente contradictorio y a un paso de ofrecer respaldo absoluto:

No había sentido que las disciplinas de oración mejoraran mi sentido de la encarnación. Pensé tan solo decir que me impactó uno de los procesos, cuando se tiene una conversación con Jesús. Y aquello no era algo que tuviera la costumbre de hacer en la preparación del sermón; y que lo encontré muy útil y valioso. Pero como pregunta general sobre si mi sentido de la encarnación había mejorado, no mucho.

Como se mencionó anteriormente, los comentarios más abundantes y explícitos tendieron a surgir cuando no se les preguntó directamente a

---

4 Peterson, *Eat This Book*.

los participantes respecto a su experiencia en el área de la creatividad. En la discusión general, sus reflexiones eran de carácter natural.

El centro de atención de la última reunión fue una revisión de los anteriores cuatro meses. Antes de la reunión se enviaron varias preguntas e indicaciones a los participantes para que pudieran prepararse. De aquellas preguntas e indicaciones aparecieron algunos de los comentarios más reveladores sobre la creatividad, que manifestaron cómo las observaciones más explícitas surgieron sin preguntas específicamente centradas en la creatividad. Una de las indicaciones decía: «A la luz de esta experiencia, nos parece bien al Espíritu Santo y a nosotros…». Esta declaración tenía por objeto facilitar observaciones que pudieran ser beneficiosas para la iglesia. La respuesta de Miguel fue así:

> Necesito ubicarme al otro extremo de la oración, un poco menos de mí y más de nosotros [la congregación], y pedir específicamente al Espíritu Santo por la Palabra, para que se traduzca en la experiencia de la encarnación y la relación que acabo de tener como resultado de practicar esto y traducirlo en un sermón dominical para nosotros, la congregación… Creo que estos procesos han sido productivos en avivar la llama de la creatividad.

La experiencia de Miguel fue como descubrir la encarnación bajo nuevas formas y sentir la obligación de llevar a su congregación a aquel espacio. El efecto positivo de la creatividad en este sentido abarca muchos de los hallazgos anteriores, como el aumento de la sinceridad y la conexión con la congregación. Roberto envió su respuesta por correo electrónico ya que no pudo estar en la reunión y, curiosamente, era muy parecida a la de Miguel:

> El predicador debe hacer todo lo posible para preparar su corazón y su mente con el propósito de permitir que Dios hable a la comunidad de fe… La predicación se convierte, entonces, en un proceso vital de cambio de vida, tanto para el que predica como para el que oye. Entre ello, el buen uso de la creatividad es un medio poderoso por el cual el mensaje puede alcanzar y transformar vidas para la gloria de Dios.

Luego del ejercicio, quedó claro que el poder de la creatividad, en lo que se refiere a una mayor conciencia de la presencia y legado de la encarnación, había comenzado a germinar. Otro aspecto de la creatividad merece ser tomado en cuenta: el lugar que ocupa la admiración.

En la introducción y el capítulo 1, se citaron los lamentos de G. K. Chesterton y D. H. Lawrence respecto a que al ser humano le falta cierto sentido de admiración. En la medida en que el método histórico-crítico avanza como el único método para la preparación del sermón, tal carencia seguirá existiendo en el ministerio de la predicación. La consecuencia de ello es una falta de asombro o sorpresa cuando el predicador estudia y presenta la Biblia y la congregación escucha. Este ejercicio carece de una entrega y convicción personal profunda.[5] Este aspecto de la creatividad, la admiración, fue considerado por los miembros del grupo a la luz de su experiencia con la oración y la predicación. Cinco de los miembros del grupo reconocieron tener un mayor sentido de admiración, uno de los participantes decidió adorar espontáneamente durante la oración y otro se sintió abrumado por lo «maravilloso de la gracia». Uno de los participantes mantuvo un registro de su experiencia con el sentido de admiración, desde su tiempo de oración, al mensaje y luego en la comunión después de la predicación. Además, y lo que es más importante, la mayoría de los miembros del grupo atestiguaron que habían visto que sus congregaciones experimentaron el sentido de admiración. Francisco definió su experiencia y la de su congregación como «sorpresa». Comentó al respecto: «De hecho, la palabra que me gusta es "sorpresa". Aquella sensación de sorpresa, más que "admiración", es cómo me relacionaría con lo que describes; sorpresa en muchos sentidos». En general, esta nueva experiencia de admiración se pudo discernir en gran parte de la interacción que el grupo tuvo durante el curso de la investigación. Ellos no siempre lo describieron como tal, pero adoptó la forma de nuevos descubrimientos, energía renovada, profundización de las relaciones pastorales, una segunda inocencia para con la Biblia y un sentido de innovación al predicarlos. Como sucede con la mayoría de los hallazgos, y este fue sin duda un sentimiento común expresado

---

[5] Merton, *Opening the Bible*.

en la última reunión del grupo: sentían que habían experimentado solo una muestra de la experiencia que tenían al alcance. Ninguno de los hallazgos se desarrolló completamente al finalizar el período de la investigación, pero ya se vislumbraban con cierta intensidad como para convencerlos de que los efectos no fueron efímeros. Esto también resultó ser cierto con el último hallazgo que se discutirá a continuación: *los contemplativos en la acción.*

Los contemplativos en la acción

En el capítulo 2 se discutió el concepto de *los contemplativos en la acción.* Ser un *contemplativo en la acción* significa que el fruto de la oración y la reflexión espiritual encuentran expresión en el mundo. A partir de la revelación que recibe de su tiempo de oración, la persona adquiere motivación y luego busca unirse a la misión de Dios en el mundo discerniendo su presencia en todas las cosas y obedeciéndole. Si bien *los contemplativos en la acción* es un método jesuita de la oración ignaciana, el desarrollo benedictino de *la lectura orante* promueve prácticamente el mismo modelo por medio de su *ora, trabaja y lee.* En su estudio de *la lectura orante,* Mulholland[6] añade un movimiento después de la *contemplación,* que captura la esencia de *los contemplativos en la acción:* la *encarnación.* En cierto sentido, *los contemplativos en la acción* pudieran parecer un concepto obvio, dado que la oración debe de conducir a la acción, pero con la presión del tiempo y las cargas pastorales que afectan los tiempos de oración (ver capítulo 4), el resultado puede producir una separación de los elementos del ministerio pastoral. Por tanto, la oración en sí misma puede reducirse a otra tarea más, y su relación con otros aspectos del ministerio podría perderse de vista. Sin embargo, como resultado de haber participado en *la lectura orante y la reflexión espiritual,* la mayoría de los participantes descubrieron un efecto peculiar y continuo en sus ministerios pastorales en general. Si bien el efecto fue limitado y diverso entre los miembros del grupo, fue alentador y surgió como un hallazgo propio. Se pudo observar la primera evidencia de actividad más allá del tiempo de oración en la manera en que los participantes

---

6 M. Robert Mulholland Jr., «Prayer as Availability to God», *Weavings* (1997): 20–26.

desarrollaban otros aspectos de la preparación de su sermón. Durante momentos espontáneos y libres, los participantes siguieron teniendo un despertar de ideas pese a que no se encontraban en un momento específico de oración. Aquello trajo a la mente las observaciones de Brou,[7] que se citan en el capítulo 2, en torno a que la predicación es una expresión de la vida activa que surge de la reflexión espiritual. Al grado de que todo ello se considere como *contemplativos en la acción*, los participantes encarnaron esto en el contexto inicial del sermón.

Como se mencionó anteriormente, la primera prueba de ello sucedió cuando los participantes informaron respecto al nuevo despertar de ideas y pensamientos, que no ocurrió durante la reflexión espiritual, pero que empezó a surgir durante las etapas más avanzadas de la preparación del sermón. Inicialmente, mientras que tales experiencias resaltaron a la vista, fue provisional que se le atribuyera a la contemplación un efecto continuo. Pero a medida que la fase de investigación continuó, la conexión entre el tiempo de oración y estas revelaciones se hizo más clara e intensa. Francisco fue uno de los primeros participantes en darse cuenta de esta dinámica, observando que se convirtieron en momentos importantes de conexión con su congregación mientras predicaba. Aquellos puntos de conexión, que añoraba tener Francisco, surgieron no necesariamente en sus tiempos de oración, sino durante la exégesis. Dijo al respecto: «aparecieron cosas que no surgieron durante la reflexión espiritual. Pero sigo pensando que hay algo. No se qué tipo de conexión sea. Tampoco estoy seguro de que haya una conexión. Es una coincidencia: podemos decir que el tiempo que pasamos en oración produce nueva información que emerge después de la fase de reflexión espiritual». Graciela fue otra participante que experimentó esta dinámica, y vale la pena resaltar un incidente en particular, ya que condujo a conclusiones muy profundas. Ella había estado preparando un sermón sobre el encarcelamiento de Pablo y Silas (Hch 16.16-34):

> Cuando me encontraba escribiendo mi sermón en la computadora, sentí que debía regresar a la Biblia… Fue como si una puerta se hubiera abierto porque vi a Pablo y Silas en la cárcel

---

7 Brou, *Ignatian Methods of Prayer.*

y, como sabemos, no podían reconciliar el sueño, así que empezaron a entonar cantos y a testificar en la prisión y había otras personas también escuchándolos. Y predicaban a todos los presentes. *Luego* aparece una gran lista de contrastes. Acontece un terremoto y la puerta se abre. Pero lo que ellos ven es una puerta en el corazón de la gente. No se molestan en abrir la puerta de la cárcel y salir. Y pueden ver que el carcelero ha encendido una luz para ver si están allí, y quizá hablen de la luz de Cristo. Y pude ver todos aquellos contrastes. Todas las oportunidades que ellos habían visto. Su mirada no estaba en el terremoto o poder salir de la prisión. Podían ver el campo de misión ahí en la prisión. No se preocuparon por escapar. Y lo otro que el Señor me mostró fue que el carcelero les lavó las heridas. Y ellos lo bautizaron. Ahí también estaba el agua… una larga lista de pequeños contrastes. Pero no logré entender esto al principio, sino a la mitad de la preparación del sermón. Entonces pensé que el proceso de alguna manera invade o se cuela en todo lo demás. No es una caja que se abre a esta hora o en este día.

En la última reunión del grupo, cuando los participantes reflexionaron en torno a la declaración «A la luz de esta experiencia, nos ha parecido bien, al Espíritu Santo y a nosotros…», Graciela ofreció comentarios adicionales respecto a esta dinámica: «Supongo que es parte del ciclo de reflexión espiritual que sucede todo el tiempo. Existe la oportunidad de seguir utilizando el sistema». Los cinco participantes presentes en la última reunión atestiguaron la presencia y efecto continuo e inconfundible del Espíritu, con experiencias que se sintieron más allá de la preparación del sermón y del acto mismo de predicar.

Si bien se recalcó muchas veces al grupo la teoría de ser *contemplativos en la acción*, la implementación en sus ministerios parecía suceder espontáneamente, sin que los miembros del grupo deliberadamente se propongan llevarla a cabo. Inicialmente, el grupo intentó definir una terminología que describiera el efecto general y duradero de la oración, la cual influía no solo sus sermones, sino que impregnaba también otros aspectos de su ministerio. Junto con las revelaciones que surgieron de la preparación del sermón, Graciela describió uno de los indicadores iniciales de la siguiente manera: «Creo que el proceso ha traído trozos de creatividad para todo mi ministerio en vez de solo para el sermón». Elena al mismo tiempo observó que se habían integrado la oración, el sermón y asuntos congregacionales en torno al tema de la justicia. Miguel experimentó lo que describió como la «gran idea adicional». Descubrió que no se quedaba limitado al ámbito del pensamiento, sino que trascendía a su ministerio y predicación. Este efecto continuo ofreció dirección a sus futuros sermones: «… no sé si esta gran idea adicional sea realmente algo extra, o quizá sea lo esencial e indispensable para mi sermón… Pero, me pregunto si esto extra podría ser el tema para mi próximo sermón». Miguel continuó reflexionando en torno a cómo podría abordar un pasaje de la Biblia desde distintos ángulos para distintos sermones impulsado por aquella gran idea adicional que había experimentado. Desde varios aspectos, la experiencia de los participantes respecto a ser *contemplativos en la acción* fue gestacional. En la última reunión del grupo, Julia comentó que lo había experimentado de manera limitada, porque su plena expresión se vio obstaculizada por su incapacidad para invertir más tiempo en oración, lo cual la llevaría a tal estilo de vida. La experiencia de Julia representa de manera justa la experiencia del grupo en general. Los participantes sintieron que si hubieran dedicado más tiempo a la oración para la preparación del sermón y más tiempo en esta investigación, habrían experimentado lo que significa ser *contemplativos en la acción* de maneras aún más sorprendentes.

En la discusión en torno a los fundamentos históricos de *los contemplativos en la acción* en el capítulo 2, consideramos la analogía de Tomás de Aquino y la de Nadal sobre Martha y María (Lc 10.38-42) a manera de ejemplo sobre el equilibrio entre la acción y la reflexión espiritual. Según la experiencia de los miembros del grupo, su disposición como María (reflexión espiritual) moldeó positivamente su disposición como Martha (actividad) y en ese orden. Sin embargo, como se describe en el capítulo 4, cuando surgieron los desafíos y las cargas pastorales, el orden se invirtió, la disposición ansiosa y frenética de Martha desplazó la disposición tranquila y devota de María. Para continuar con la analogía, cuando el orden era María y luego Marta, la actividad de Marta era de una calidad distinta. Esta actividad recibió poder y aumentó la capacidad de los participantes para hacer conexiones entre los distintos elementos de su ministerio, y esto los convertía en visionarios. Como ya se ha citado, Elena describió aquellos momentos como una manera de capturar la «creatividad global» de su congregación. Aquellos momentos sintetizaron el ejemplo que von Balthasar ofrece respecto al ritmo de Jesús y la integración de contemplar al Padre para luego encarnar su Palabra (ver capítulo 2).[8]

Hasta cierto punto, ser *contemplativos en la acción* sirve como un concepto multiusos para la mayoría de los hallazgos positivos de esta investigación. Aquel renovado sentido de sinceridad como predicadores, que el capítulo 3 describe, es una expresión de ser un *contemplativo en la acción*. El predicador está más presente y comprometido ante el pueblo de Dios. Ello también se relaciona a la experiencia de tener un nuevo sentido de conexión con la congregación, como lo descrito al inicio de este capítulo. También, en la medida en que hubo un aumento en el desarrollo de la creatividad en el contexto del ministerio pastoral, acompañado de una mayor conciencia de Dios y un sentido de admiración, esto también demostró algo de lo que significa ser *contemplativo en la acción*. Incluso este ideal ofrece ayuda frente a la dificultad de adaptar las revelaciones que se obtienen de la oración al sermón, como se describe en el capítulo 4. El propósito de orar la Biblia es encarnarlas en calidad de seguidor de Cristo y por el poder de su Espíritu. El concepto de ser *contemplativo en la acción* fue vislumbrado por el grupo durante el proceso y sirvió de inspiración en la fase final de la investigación. Luego de usar el éxodo como analogía, pudieron espiar la Tierra Prometida (Nm 13). Identificaron algunos gigantes, pero pudieron regresar con un buen informe, confirmando que es una tierra que fluye con leche y miel. Sin embargo, al final de la investigación, todavía no establecían su residencia permanente en aquel espacio.

En este capítulo hemos considerado la manera en que los miembros del grupo lograron disfrutar un nuevo sentido de conexión con sus congregaciones a partir de una creatividad nutrida por la Biblia y lo expresaron, hasta cierto punto, siendo *contemplativos en la acción*. En la medida en que la definición de creatividad incluía un aumento de conciencia respecto a la presencia de Dios, empezamos a ver el comienzo de algo, pero se necesitaba más tiempo. A medida que la

---

8   Von Balthasar, *Essays in Theology* II.

investigación avanzaba, los participantes comprendieron mi propuesta de definición de la creatividad, pero sospecho que en algunos momentos su noción de que la creatividad es más una fantasía, una ficción, sutilmente obstaculizó el proceso. Cuando las personas se refieren a la creatividad puede haber una tendencia a apartarse instintivamente de formar parte de lo imaginado. Adoptan la postura de un observador y no se involucran íntimamente en la visión. Mi definición operacional de la creatividad fue formulada a partir de las obras de MacDonald[9] y Newman[10] como puntos de referencia sólidos. Aquella definición decía: «La creatividad es el medio por el cual llegamos a estar en sintonía con la perpetua realidad de la encarnación». Creo que esta definición es demasiado burda y que una definición más clara habría ayudado a simplificar las cosas. A la luz de esta investigación, mi definición revisada es la siguiente: «Una creatividad nutrida por la Biblia discierne el legado de la encarnación y la presencia del reino». Aun así, habría sido valioso no ofrecer al grupo una definición de la creatividad en lo absoluto. En cambio, creo que hubiera sido más fructífero dar al grupo las contribuciones de distintos escritores como MacDonald y Newman, y al final de la investigación invitar a los participantes a escribir su propia definición. La prueba de que ello hubiera sido una buena estrategia fue que cuando la discusión grupal no se concentraba deliberadamente en el efecto de la creatividad, los participantes proponían ideas positivas al respecto. La creatividad que se nutre de las dos disciplinas de oración empezaba a surgir.

---

[9] MacDonald, *A Dish of Orts.*

[10] John Henry Newman, *Grammar of Assent* (New York: Doubleday, 1955); Michael Paul Gallagher, «Newman on Imagination and Faith», publicado inicialmente en 2002, consultado el 30 de octubre de 2009 en http://www.plaything.co.uk/gallagher/academic/newman_imagination.html; Gallagher, «Theology and Imagination».

Capítulo 6

Regreso al futuro: respuestas del siglo xxi para preguntas del siglo i

Durante las seis veces que el grupo se reunió, no siempre revelé lo que estaba pensando, sino que, como investigador principal, me esforcé por facilitar la discusión. Por lo tanto, los anteriores tres capítulos han informado en gran medida las experiencias y reflexiones de los miembros del grupo en lugar de las mías. En este último capítulo, incluiré mis opiniones y cada vez que concuerde con las conclusiones lo haré usando la primera persona del plural.

Esta investigación ha abordado modelos de oración de los siglos xii y xvi con el propósito de aplicarlos al contexto del siglo xxi. Dicho de otra manera, se ha recurrido a formas premodernas y de la etapa inicial de la era moderna respecto a involucrarse con la Biblia y se las ha usado en un contexto posmoderno. Wright destaca la importancia de formular lo que significa ser cristiano hoy a la luz de la historia de la iglesia, pero sin vivir en el pasado y luchar erróneamente con los problemas de aquellos tiempos. Respecto a esto, afirma lo siguiente:

> Debemos aprovechar la sabiduría del pasado sin suponer que nuestras preguntas sean idénticas a las que enfrentaron Lutero o Calvino… o incluso Santo Tomás de Aquino o Ignacio de Loyola. O, de hecho, por John Henry Newman… Nos encontramos en territorio inexplorado. Y es mucho más desconocido de lo que algunos polemistas contemporáneos parecen darse cuenta.[1]

---

[1] N. T. Wright, *Scripture and the Authority of God* (London: spck, 2005), 14–15.

De una manera parecida, Northcutt[2] lamenta la falta de atención de parte de los predicadores contemporáneos a los clásicos de la espiritualidad cristiana. Ella comenta incisivamente que prestar atención a, digamos, la sabiduría del siglo XVI no significa retroceder a una cosmovisión del siglo XVI al igual que hacer una exégesis de la Biblia no significa retroceder a una cosmovisión del siglo I. Entonces, habiendo recurrido a la espiritualidad de los siglos XII y XVI, ¿querrá decir que esta investigación ha logrado producir una cosmovisión inspirada por el Espíritu y para el siglo XXI? ¿O será que lo que se ha descubierto es, en el mejor de los casos, tan solo una moda pasajera o, en el peor de los casos, más adecuada para un tiempo pasado? Wright[3] ofrece un desafío útil para esta reflexión: «El meollo del asunto es recuperar las interrogantes del siglo I y tratar de dar respuestas del siglo XXI, en lugar de tomar preguntas del siglo XVI y dar respuestas del siglo XIX».[4] ¿Cuáles son las preguntas del siglo I a las que esta investigación ofrece respuestas del siglo XXI?

La historia de los discípulos de camino a Emaús (Lc 24.13-35) nos ofrece no solamente interrogantes del siglo I sino también preguntas que se hicieron en el primer día después de la resurrección. En aquel primer día de la Pascua, los dos discípulos comenzaron su viaje a Emaús desconcertados y entristecidos por los acontecimientos de los tres días anteriores. Mientras el Cristo resucitado caminaba con ellos sin ser reconocido, les preguntó qué habían entendido de todo lo sucedido. El fluir de la conversación en este relato del evangelio ofrece un medio por el cual podemos considerar las respuestas del siglo XXI fiándonos en la práctica de dos formas antiguas de oración. Surgen tres preguntas principales de este relato posterior a la resurrección y las respuestas correspondientes se encuentran en cada uno de los tres capítulos que describen los hallazgos de esta investigación (capítulos 3, 4 y 5):

- **Primera pregunta de camino a Emaús:** ¿qué vienen discutiendo por el camino? (Lc 24:17)

---

2   Kay L. Northcutt, *Kindling Desire for God: Preaching as Spiritual Direction* (Minneapolis: Fortress, 2009).

3   N. T. Wright, «Q and A with Bishop Wright on "Justification"», *Ben Witherington on the Bible and Culture*, Beliefnet. 2009, consultado el 9 de septiembre de 2010 en http://blog.beliefnet.com/bibleandculture/2009/06/q-and-a-with-bishop-wright-on-justification.html.

4   Aunque este comentario de Wright trata sobre la justificación, describe muy bien el desafío crucial para esta investigación.

- **Respuesta:** Capitulo 3 – «La renovación»
- **Segunda pregunta de camino a Emaús:** ¿acaso no tenía que sufrir el Cristo estas cosas antes de entrar en su gloria? (Lc 24.26)
- **Respuesta:** Capítulo 4 – «El reposicionamiento»
- **Tercera pregunta de camino a Emaús:** «¿no ardía nuestro corazón mientras conversaba con nosotros en el camino y nos explicaba las Escrituras?» (Lc 24.32)
- **Respuesta:** Capitulo 5 – «La reorientación»

Primera pregunta de camino a Emaús: ¿qué vienen discutiendo por el camino?

Cuando Jesús se acercó a los dos en el camino a Emaús (Lc 24.15) les preguntó sobre lo que conversaban. El asombro frente a aquella misteriosa pregunta del viajero fue igual de intenso que la tristeza que sufrían. «Y uno de ellos, llamado Cleofas, le dijo: ¿Eres tú el único peregrino en Jerusalén que no se ha enterado de todo lo que ha pasado recientemente?» (24.18). Jesús continúa indagando: «¿Qué es lo que ha pasado?» (v. 19). La respuesta a las preguntas de Jesús es básicamente un resumen adecuado del evangelio, que incluye un reconocimiento de la resurrección, si bien en aquellos primeros días y en aquellos discípulos todavía se consideraba que la resurrección era un rumor que causaba asombro (vv. 19-24). Estos dos discípulos pudieron describir las características del ministerio de Cristo, pero de forma algo incompleta, ya que todavía tenían que comprender el legado de la encarnación, esto es, la resurrección.

Como grupo, cuando empezamos esta investigación, no éramos muy distintos a aquellos dos discípulos de esta historia. La pregunta inicial de Jesús, «¿Qué vienen discutiendo por el camino?», nos invita a dar a conocer nuestra postura actual ante el evangelio. Habíamos sido capaces de expresar las características del evangelio y nuestra respuesta como predicadores, pero existía una sensación de inconclusión en la práctica de ello. Logramos afirmar nuestro sentido del llamado y compromiso para comunicar el evangelio, pero nos sentimos estancados por la pérdida de nuestra devoción a Dios y la atención que debíamos dar a nuestro llamado como predicadores. Como los dos discípulos en Lucas 24, nosotros también podíamos expresar la esencia y los matices del evangelio, pero nos hallábamos en un lugar donde la experiencia de ese evangelio había sido erosionada por otras fuerzas y nos sentíamos apagados. Cuando consideramos la influencia del consumismo y el desconocimiento de la Biblia en nuestras congregaciones, nos inundó la tristeza respecto a nuestra conversación sobre la pregunta de Jesús. Hablamos del deseo de perfeccionar nuestros dones y habilidades de predicación y conectarnos verdaderamente con nuestras congregaciones. Sin embargo, en medio de las presiones del ministerio pastoral, sentíamos profundamente la tentación del pragmatismo, el cual nos impulsa a tomar atajos en la preparación y presentación de nuestro sermón.

Durante las primeras etapas de la investigación, habíamos podido llegar a responder la pregunta de Jesús de aquel siglo I afirmando que nuestra discusión, mientras «caminábamos juntos», incluía indicios de nueva vida en nuestros ministerios de predicación. Notamos un renovado y creciente sentido de sinceridad que surgió a partir de aquel habitar en la Biblia gracias a la ayuda de las dos disciplinas de oración. Así como el dolor de los dos discípulos en Lucas 24 disminuyó gracias a aquel asombroso rumor de la resurrección, nosotros también sentimos que nuestras dificultades disminuían al tener unos primeros y emocionantes encuentros con Aquel que se había acercado al camino donde transitábamos. Por medio de *la lectura orante* y *la reflexión espiritual*, habíamos comenzado a guardar la Palabra de Cristo, y descubrimos que volvía a echar raíces en nuestras vidas y lo hacía de nuevas maneras. Las palabras de Jesús resultaron ser ciertas: «El que me ama, obedecerá mi palabra, y mi Padre lo amará, y haremos nuestra morada en él» (Jn 14.23).

Segunda pregunta de camino a Emaús: ¿acaso no tenía que sufrir el Cristo estas cosas antes de entrar en su gloria?

Con esta pregunta, Jesús retó a los dos viajeros debido a la respuesta que ofrecieron frente a su primera pregunta. Lo que ellos entendían respecto a los eventos de la Pascua y el alcance de la Biblia eran deficientes.

Luego, les explicó las Escrituras hebreas para que entendieran que él las había cumplido (24.27). Esta segunda pregunta funciona como un llamado de atención y causa que el oyente despierte súbitamente al carácter central de Cristo y su misión. El propósito de la pregunta es corregir y como un medio retórico exige que el oyente examine su propio pensamiento teológico y práctica. Esta pregunta nos anima a examinarnos si es que, en nuestra predicación, representamos con fidelidad el evangelio, con todos sus contornos, exigencias y promesas. Con respecto a esta investigación, la respuesta a la segunda pregunta de Lucas 24 nace de las razones del grupo para iniciar la investigación y sus hallazgos iniciales (capítulo 3). Como un fuerte desafío, exige que prestemos atención cuando evaluamos si predicamos con precisión el mensaje de Cristo según la Biblia. Si la primera pregunta busca determinar la condición inicial de nuestro estado espiritual y el estado de nuestra predicación, la segunda pregunta busca probar si es que ha sucedido algún reposicionamiento. Esta segunda pregunta y este movimiento en la historia de los discípulos en el camino a Emaús sirve como prueba de nuestro propio entendimiento y práctica en comparación con el mensaje del Evangelio, especialmente en su relación con la cruz. El capítulo 4 contiene un resumen de la respuesta del grupo frente a esta pregunta.

En el capítulo 4, se discutieron cuatro temas principales. Los primeros dos abordaron la dificultad de encontrar tiempo parar orar en medio de las cargas pastorales y los retos respecto a decidir qué temas del tiempo de oración eran adecuados para incluir en el sermón. Estos dos retos se compensaron de alguna manera por otros dos temas: el tercer preludio de *la reflexión espiritual* y el lugar de la exégesis. En su conjunto, podemos decir que estos cuatro temas son «la patología del predicador». Esta patología es la respuesta a la segunda pregunta de Lucas 24 y nos revela que tenemos mucho trabajo por hacer. Aquella patología se describe de esta manera: el predicador esta muy consciente y realmente preocupado por la salud espiritual de su congregación, pero se ve socavado por las cargas pastorales que colisionan con el tiempo que debe dedicarle a la preparación del sermón. En la medida en que los otros deberes del liderazgo pastoral desvían al predicador de la tarea de estudiar y orar la Palabra de Dios, hay un profundo sentimiento de culpabilidad, tensión y frustración. La patología del predicador que esta investigación ha descubierto incluye a una persona que escucha a Dios, pero tiene dificultades para decidir si tales revelaciones deben predicarse. En esta investigación, las normas de la cultura Kiwi en torno a la modestia y la moderación agravaron las dificultades. Además, los predicadores demostraron tener demasiada sensibilidad a los peligros de la eiségesis y ello contribuyó a la supresión de ideas válidas que podrían haber ofrecido un contenido teológico sólido para el sermón. Sin embargo, la experiencia de la gracia por medio del tercer preludio y por haber tenido mayor esmero en la buena exégesis ayudó al predicador a superar estas dificultades. Mientras que esta patología se hizo evidente a partir de esta investigación, propongo que, en gran medida, la experiencia del grupo es típica y que, como predicadores, nuestra patología la manifiestan muchos otros que sirven en el ministerio pastoral por todo el mundo.

Además, con respecto a la pregunta en Lucas 24 y su naturaleza retórica, nuestra lucha por dedicar tiempo a la oración nos impide responder de una manera completamente positiva. Así como los dos discípulos en Lucas 24 seguramente lo hicieron, nosotros también deberíamos mirar fijamente a Cristo mientras reprende nuestra necedad y lentitud de corazón para comprender y prestar atención al mensaje de la Biblia (24.25). Mientras sigamos sin poder concentrarnos sin interrupciones en la preparación de los sermones, no podremos realmente sondear el mensaje del evangelio para la ocasión y las personas presentes. El grupo experimentó una verdadera sorpresa cuando logró tomar conciencia de la gravedad de las presiones del tiempo y las distracciones cuando se trataba de preparar sermones. Es un escándalo que se siga así y que no haya estrategia alguna para combatir el problema y, por ende, se perpetúe la situación. Nos hemos resignado a aceptar que las cargas de nuestro tiempo, que colisionan gravemente con la devota preparación del sermón, son la norma y tratar de cambiarlas es poco realista. En la medida en que la cultura del voluntariado sigue en declive en nuestras congregaciones, hemos tendido a intentar llenar el vacío. Se necesita valor para resistir la tentación de invertir tiempo y energía en llenar aquellos vacíos, especialmente cuando aquel tiempo y energía interrumpen nuestros tiempos de preparación. Esta investigación logró reorientar al grupo hacia la importancia de pasar tiempo en oración e inmersión en la

Biblia. Espero que las conclusiones y experiencias de esta investigación nos impulsen a desafiar todo lo que busca usurpar la atención legítima que debemos dar a nuestra principal tarea ministerial. Como pastores principales de nuestras congregaciones, la mejor manera de modelar confianza en el evangelio y en Dios es a partir de un compromiso vivo con la Palabra. Como grupo, definitivamente probamos la riqueza de ello a partir de *la lectura orante* y *la reflexión espiritual*, y esto contribuyó a que la preparación del sermón volviera a ser de suprema importancia.

Tal como se menciona en la descripción de la patología del predicador, nuestra respuesta al desafío de la segunda pregunta de Lucas 24 está parcialmente silenciada debido a nuestros rasgos culturales kiwi y la falta de confianza en transferir conocimientos de la oración al sermón. Sin embargo, la soberanía y el amor de Dios al otorgarnos gracia durante el tercer preludio resultó ser una maravilla. Ello nos inspiró a superar incertidumbres y reticencias inútiles y alcanzar nuevos lugares como predicadores. Disfrutamos la seguridad que nos brindó nuestra formación exegética de antaño y los instintos perfeccionados desde entonces. Nuestra experiencia nos posiciona para que confiadamente podamos decir que *la lectura orante* y *la reflexión espiritual* están en su mejor momento cuando concuerdan con el uso de una exégesis sólida. Sin embargo, mantenemos que abordar la Biblia por medio de la oración debe suceder antes que la tarea exegética. Esto ratifica la exhortación que ofrece Merton respecto a los dos niveles de entendimiento de la Biblia, pero invierte su orden.[5] Los conocimientos particulares obtenidos a partir de la oración necesitan ser evaluados, pero tampoco debemos descartarlos prematuramente como eiségesis. De hecho, sería valioso invertir más tiempo en la definición y el lugar que ocupa la eiségesis como complemento a estas dos disciplinas y a la exégesis. Northcutt[6] utiliza los términos «la ingenuidad precrítica: la contemplación» y «la ingenuidad bíblica precrítica» para capturar la esencia y el balance

---

5   Merton, *Opening the Bible.*

6   Northcutt, *Kindling Desire for God.* Nota del editor: la autora que aparece en esta cita ha recurrido al conocido tema en el mundo anglosajón en torno a la «percepción de necesidades» (*felt needs*), cuyo creador fue el educador estadounidense Roger Kaufman. Dicha teoría del «mejoramiento humano» es prácticamente desconocida en el orbe hispánico y también lo es su terminología.

de lo que se está proponiendo en esta investigación. Estos términos enfatizan la necesidad de contemplar y habitar el texto antes del estudio exegético. La «ingenuidad precrítica: la contemplación» favorece «"la percepción de la experiencia", de las emociones y las preocupaciones»;[7] la «ingenuidad bíblica precrítica» «intenta reparar la separación entre la cabeza y el corazón, entre lo cognitivo y lo afectivo»[8] que puede ser un obstáculo a cualquier entrenamiento posterior a la formación teológica y que fue un elemento notorio en nuestra experiencia al comenzar esta investigación. Según nuestra experiencia, esta constelación respecto a la experiencia de la gracia, el tiempo exegético y una visión más relajada de la eiségesis, le permiten al predicador responder afirmativamente a la pregunta retórica de Lucas 24: específicamente, que se logra percibir los contornos, las exigencias y la promesa del evangelio y se llega a experimentar la presencia de Cristo.

Es necesario explicar un pensamiento final respecto a la pregunta de Jesús: «¿Acaso no tenía que sufrir el Cristo estas cosas antes de entrar en su gloria?» Los acontecimientos de la cruz resultaron ser un problema constante para los discípulos, y mucho más para los que no creen. Desde la discusión de Pedro con Jesús en Cesarea de Filipo (Mr 8.81-33) a la descripción de Pablo respecto a que la cruz puede ser un motivo de tropiezo o locura (1Co 1.21-25), la cruz sigue siendo el poder y la sabiduría de Dios, y todos los que siguen a Cristo se distinguen por ella (Mr 8.34). En vez de desanimarnos por la patología del predicador, podemos encontrar paz a pesar de nuestros fracasos y luchas en la medida en que los subyugamos a la teología de la cruz. Las dificultades que enfrentamos como predicadores sirven como motivo para redefinir el ideal del predicador a la luz de la cruz, así como se requirió que el ideal de los discípulos en torno al Mesías fuese revisado a la luz del aparente fracaso de la cruz. Quizá los fracasos que vemos son la materia prima por la que nuestras aspiraciones como predicadores reciben el reto y la renovación de parte del Dios de la cruz, quien ha decidido usar seres humanos imperfectos como voceros suyos (1Co 1.26-31):

---

[7] *Ibid.*, 140.
[8] *Ibid.*, 141.

> Hermanos, consideren su propio llamamiento: No muchos de ustedes son sabios, según criterios meramente humanos; ni son muchos los poderosos ni muchos los de noble cuna. Pero Dios escogió lo insensato del mundo para avergonzar a los sabios, y escogió lo débil del mundo para avergonzar a los poderosos. También escogió Dios lo más bajo y despreciado, y lo que no es nada, para anular lo que es, a fin de que en su presencia nadie pueda jactarse. Pero gracias a él ustedes están unidos a Cristo Jesús, a quien Dios ha hecho nuestra sabiduría —es decir, nuestra justificación, santificación y redención— para que, como está escrito: «Si alguien ha de gloriarse, que se gloríe en el Señor».

Las dos disciplinas de oración han demostrado ser vehículos mediante los cuales sentimos profundamente nuestras limitaciones humanas en nuestra búsqueda del amor y servicio a Dios. En lugar de soñar con algo fantástico y buscar un lugar paradisiaco para predicadores, un lugar lleno de riquezas de conocimiento que se obtienen con facilidad, en cambio, «gustosamente haré más bien alarde de mis debilidades, para que permanezca sobre mí el poder de Cristo» (2Co 12.9). De modo que la mera presencia de defectos es una ocasión para alegrarse de la visita de Dios a medida que somos santificados a la imagen del Hijo. Mientras empleamos *la lectura orante* y *la reflexión espiritual* con la intención de extraer los tesoros de la Biblia, lo que no esperábamos fue la forma en que expusieron nuestra humanidad y revelaron nuestra necesidad de la cruz. Así, *la lectura orante* y *la reflexión espiritual* facilitaron el ritmo de la gracia al morir y resucitar, aunque no siempre nos dimos cuenta de ello.

Tercera pregunta de camino a Emaús: «¿no ardía nuestro corazón mientras conversaba con nosotros en el camino y nos explicaba las Escrituras?»

Esta tercera pregunta de Lucas 24 que, repito, es básicamente retórica, es la piedra angular de todo lo que ha sucedido. Los dos discípulos comenzaron su viaje tristes y desconcertados, luego su entendimiento del encuentro con Cristo fue reinterpretado, y al final del viaje su visión había sido transformada. La pregunta causa asombro respecto al cambio experimentado y encuentra una réplica en el catecismo católico, el cual se inspira en la sabiduría de Ignacio, describiendo el efecto de la contemplación: «Aprende así el "conocimiento interno del Señor", para más amarle y seguirle».[9] El efecto de caminar con Jesús se hace evidente en el relato del evangelio, pero ¿hubo tal efecto en este ejercicio de investigación? En Lucas 24, esta pregunta se encuentra estratégicamente ubicada, ya que mira retrospectivamente a la experiencia en el camino con Cristo y luego sirve como motivo para que los dos discípulos regresen inmediatamente a Jerusalén. Una vez allí, dan testimonio de la resurrección a los once y a los demás presentes (24.33-35).

Esta última pregunta nos desafía como grupo a contar nuestra experiencia durante los cuatro meses de trabajo de campo y compartir qué planes estamos motivados a seguir. Si la segunda pregunta de Lucas 24 fue una prueba para examinarnos, esta tercera pregunta sirve como ocasión para reflexionar respecto a su efecto. Además, la primera pregunta aclaró nuestras esperanzas y comportamiento al comienzo de esta investigación y reveló nuestros descubrimientos iniciales; la segunda pregunta resaltó los obstáculos y la ayuda que recibimos en el proceso de intentar alinearnos más con la Biblia; la tercera pregunta es el momento para ser sinceros con nosotros mismos, donde tenemos la oportunidad de afirmar que hemos tenido un encuentro vivo con Cristo a lo largo de todo el proceso. Los hallazgos descritos en el capítulo 5 son la respuesta a esta tercera pregunta reveladora.

Cuando los dos discípulos se aproximaban a Emaús, ya habían pasado por una transformación. Sin embargo, su compañero de viaje parecía continuar su camino más allá de la aldea y le suplicaron que se quedara (24.28-29). Para aquel momento, sus corazones, que habían estado cargados de dolor, sentían fervor por la exposición de la Biblia y la presencia de Cristo. Querían escuchar y experimentar más. Como grupo, también compartimos la sensación de que el viaje había terminado demasiado pronto y deseábamos permanecer más tiempo para escuchar y experimentar a Cristo. De hecho, esto demostró ser

---

[9] *Catecismo de la Iglesia Católica*, § 2715.

una limitación importante del ejercicio de investigación; cuatro meses no fueron suficientes. Al final del trabajo de campo, los miembros del grupo comentaban con frecuencia que habían experimentado el comienzo de algo fabuloso. La frase «si hubiéramos tenido más tiempo» saturó nuestra última reunión.

Como investigador principal, había determinado un período de cuatro meses en mi propuesta de investigación inicial, teniendo en cuenta el calendario de presentación para mi tesis. En retrospectiva, sospecho que un período de doce meses habría resultado aún más eficaz para observar de mejor manera el fruto de *la lectura orante* y *la reflexión espiritual*. Los miembros del grupo apreciaron mucho los encuentros para compartir los avances y las dificultades encontradas. Sin embargo, en mi planificación, cualquier predicción respecto a la abundancia de este proceso se vio ensombrecida por mi ansiedad de exigir a los participantes que se adhieran a un nuevo régimen de preparación durante cuatro meses. Sin embargo, en la última reunión del grupo, el tenor de nuestra discusión equivalía a rogarle a Cristo que se quedara más tiempo con nosotros y a decirnos el uno al otro: «¿No ardía nuestro corazón mientras conversaba con nosotros en el camino y nos explicaba las Escrituras?» El deseo por más podría haberse traducido en un período más largo de trabajo de campo. Para ponerlo en perspectiva, reflexionábamos sobre una teoría que tiene entre quinientos a mil quinientos años de existencia, y nosotros pasamos cuatro meses analizándola.

La cuestión de la duración del trabajo de campo de alguna manera impactó la hipótesis y hallazgos respecto a la creatividad. De nuevo, Lucas 24 sirve como una analogía adecuada para ello, justo cuando nuestros ojos habían sido abiertos y logramos reconocer a Cristo con nosotros en la mesa, desapareció (24.31). Justo cuando comenzábamos a agudizar nuestro entendimiento de la creatividad y empezábamos a reconocer cómo se relacionaba con las disciplinas de la oración, finalizó la fase de trabajo de campo. A pesar de estas limitaciones, experimentamos lo suficiente respecto al poder de la creatividad mediante el uso de *la lectura orante* y *la reflexión espiritual*, a tal grado que pudimos decir: «¿No ardía nuestro corazón dentro de nosotros?» Hubo una diferencia perceptible en nuestra conciencia respecto al legado de la encarnación y nuestra creatividad se enardeció a un grado notable y útil. Nuestra visión y experiencia se expandieron y estábamos más llenos de energía y ánimo para predicar a nuestras congregaciones. Nos sentimos obligados a comunicarles no sólo lo que habíamos aprendido durante la preparación de nuestro sermón, sino también algo respecto a cómo lo habíamos logrado. En ocasiones, mientras predicamos, describimos nuestra experiencia de oración y ello facilitó una experiencia similar para ellos.

El efecto de todo ello incluyó un nuevo sentido de conexión con nuestras congregaciones. El contenido de nuestros sermones era distinto, estos eran más vibrantes y acogedores. Sería cierto decir que, como pueblo de Dios, vimos destellos de Pentecostés, y mientras se predicaba la Palabra, juntos soñamos sueños y vimos visiones (Jl 2.28-32; Hch 2.17). En relación con ello, hubo un producto derivado de la creatividad: el sentido de admiración. Tanto los participantes como las congregaciones experimentaron admiración ante la majestad y gracia de encontrar el mensaje de Dios por medio de la Biblia. Esto fusionaba a predicador y congregación mientras la Palabra predicada facilitaba la obra de Dios en su pueblo. Un mayor desarrollo y número de casos de esta dinámica podría servir de medio para inspirar a las congregaciones a que liberen a sus predicadores de otras cargas pastorales que compiten por su atención a la oración y al estudio de la Biblia.

Luego de que los discípulos reconocieran a Jesús, el acto final camino a Emaús consistió en que los dos discípulos regresaran esa misma hora a Jerusalén para testificar sobre la resurrección (24.33-35). La pregunta que se hicieron identifica el cambio efectuado durante su viaje, que los inspiró a regresar, a pesar de que probablemente era de noche y no era seguro viajar. Al igual que a los discípulos, nuestros corazones también ardían dentro de nosotros, y también emprendimos tal viaje. El concepto jesuita de *los contemplativos en la acción* es semejante al retorno de los dos discípulos a Jerusalén en Lucas 24. Nosotros también descubrimos que nuestra experiencia de oración se traducía en acción que influía nuestros sermones y más. A pesar de que la limitación de tiempo inhibió una realización y reflexión completa de esta dinámica, identificamos la presencia de Jesús lo suficiente como para confirmar que algo extraordinario había germinado. El nuevo sentido de conexión con nuestras congregaciones se debió, en parte, a los efectos de convertirnos en *contemplativos en la acción*. El cambio en nuestro pensamiento y enfoque como resultado de la oración impregnó responsabilidades ministeriales más amplias y las influenció. Una vez más, el problema de otras cargas pastorales que interrumpen los tiempos de oración y estudio aparece aquí. Al ser contemplativos en la acción y ocuparse también en otras cargas ministeriales además de la predicación, nos damos cuenta de que la atención principal a *la lectura orante* y *la reflexión espiritual* no necesariamente producen el descuido de responsabilidades, sino que las reconfigura y revitaliza. Sin embargo, tal práctica involucra más que un cambio de nuestros métodos ministeriales: significa abrazar un estilo de vida. También requiere más que una decisión del ministro o el pastor: requiere el compromiso de la congregación.

Sin embargo, si ha de haber un avivamiento entre el pueblo de Dios, la chispa debe comenzar por los predicadores. Esta tercera pregunta desea saber si el compromiso con la Biblia es más que estudio y oración en horarios establecidos. La pregunta está repleta de significado, referencias y patrimonio bíblico. La imagen de caminar y hablar con Dios sigue con la tradición del huerto del Edén (Gn 3.8), al anuncio de Emanuel («Dios está con nosotros», Mt 1.23), hasta el primer dialogo después de la resurrección: «¿Por qué lloras, mujer? ¿A quién buscas?» (Jn 20.15). La referencia a corazones ardientes encierra el perdurable símbolo de la presencia de Dios representado por el fuego a lo largo de la Biblia. Nos recuerda a Moisés ante la zarza ardiente (Ex 3.1-6), el llamado de Isaías sellado por un carbón ardiente (Is 6.1-8), y la dramática declaración de Jesús: «He venido a traer fuego a la tierra, y ¡cómo quisiera que ya estuviera ardiendo!» (Lc 12.49). La ubicación y el espíritu de la tercera pregunta insisten en que cualquier afirmación de haber encontrado a Cristo debe involucrar la experiencia. Él es el Dios con nosotros que viene con fuego y nos habla. Anteriormente, habíamos citado una paráfrasis de la convicción de Karl Rahner:[10] «El cristiano del futuro será un místico, es decir, alguien que haya "experimentado algo", o no existirá del todo».[11] A lo largo de esta investigación, siempre que participamos en *la lectura orante* y *la reflexión espiritual* pusimos un pie en el camino a Emaús y

---

[10] Rahner, *Spirituality of the Church.*
[11] Endean, *Karl Rahner and Ignatian Spirituality,* 63.

por la gracia de Dios lo experimentamos. Por lo general, así como los dos discípulos en aquel camino, mientras que teníamos un destino en mente, subestimamos el camino. No intentamos evocar la presencia de Dios, pero nos bendijo con su presencia, incluso en los momentos en que parecía que se nos impidió reconocerlo. Nos habló a nosotros y a nuestra gente, y nuestro corazón ardía dentro de nosotros.

La historia en Lucas 24 termina en Jerusalén con la comunidad reunida que conversaba del Cristo resucitado. El próximo texto (Lc 24.36-48) comienza cuando Jesús interrumpe la conversación al aparecer en medio de ellos, diciéndoles: «Paz a ustedes». Esta imagen bíblica de los discípulos reunidos en torno a la revelación y la presencia del Cristo resucitado, que se basa en la exposición de la Biblia y el encuentro vivo con él, ha sido experimentado a lo largo de los siglos. Esta investigación refuerza la creencia de que *la lectura orante* y *la reflexión espiritual* contribuyen de una manera potente a tener tal experiencia en la iglesia del siglo XXI. El Libro de oración común de Nueva Zelanda ofrece un resumen preciso: «Nos creaste para escuchar tu Palabra, para hacer tu voluntad y hallar contentamiento en tu amor. Es justo agradecerte».[12]

---

[12] Church of the Province of New Zealand, *A New Zealand Prayer Book: He Karakia Mihinare o Aotearoa* (Auckland: Collins, 1989), 486.

Bibliografía en inglés

Barry, William A.

2001   *Letting God Come Close: An Approach to the Ignatian Spiritual Exercises.* Chicago: Loyola Press.

Beecher, Henry Ward

1995   "The Power of the Imagination." En *Developing a Christian Imagination: An Interpretative Anthology,* editado por Warren W. Wiersbe, 215–221. Wheaton, IL: Victor.

Boersma, Hans

2005   "Spiritual Imagination: Recapitulation as an Interpretative Principle." En *Imagination and Interpretation: Christian Perspectives,* editado por Hans Boersma, 13–33. Vancouver: Regent College.

Borda, Orlando Fals

2001   "Participatory (Action) Research in Social Theory: Origins and Challenges." En *Handbook of Action Research: Participatory Inquiry and Practice,* editado por Peter Reason y Hilary Bradbury, 27–37. London: Sage.

Brackley, Dean

2004   *The Call to Discernment in Troubled Times: New Perspectives on the Transformative Wisdom of Ignatius of Loyola.* New York: Crossroad.

Brooks, Phillips

1965   *Phillips Brooks on Preaching.* London: SPCK.

Brou, Alexandre

1949   *Ignatian Methods of Prayer.* Milwaukee: Bruce.

Brueggemann, Walter

2005   "An Imaginative 'Or.'" En *A Reader on Preaching: Making Connections,* editado por David Day, Jeff Astley y Leslie J. Francis, 51–64. Aldershot: Ashgate.

Buechner, Frederick

2005   *Wishful Thinking: A Theological ABC.* New York: Harper & Row.

Burghardt, Walter J.

1987   *Preaching: The Art and the Craft.* New York: Paulist.

2000   *Long Have I Loved You: A Theologian Reflects on His Church.* New York: Orbis.

Byrne, Brendan

1991   "'To See with the Eyes of the Imagination …': Scripture in the Exercises and Recent Interpretation." *The Way* 72: 3–19.

Canham, Elizabeth

2001   *Praying the Bible.* 2nd ed. Cincinnati: Forward Movement.

Casey, Michael

1996   *Sacred Reading: The Ancient Art of Lectio Divina.* Liguor, MO: Triumph.

Champion, Donna y Frank A. Stowell

2003   "Validating Action Research Field Studies: PEArL." *Systemic Practice and Action Research* 16, no. 1: 21–36.

Church of the Province of New Zealand

1989   *A New Zealand Prayer Book: He Karakia Mihinare o Aotearoa.* Auckland: Collins.

Cohen, Louis, Lawrence Manion y Keith Morrison

2002   *Research Methods in Education.* 5th ed. London: RoutledgeFalmer.

Da Silva e Araujo, Emmanuel

2008   "Ignatian Spirituality as a Spirituality of Incarnation." *The Way* 47, no. 1 y 2: 67–80.

Davis, Ellen F.

1995   *Imagination Shaped: Old Testament Preaching in the Anglican Tradition.* Valley Forge, PA: Trinity Press.

De Guibert, Joseph

1964   *The Jesuits: Their Spiritual Doctrine and Practice – A Historical Study.* Chicago: Institute of Jesuit Sources.

De Verteuil, Michel

s/f   "Lectio Divina." Dominican Biblical Institute. Accedido el 3 de junio de 2009. http://www.dbclimerick.ie/lectiodivina.php.

De Vogue, Adalbert

1983   *The Rule of Saint Benedict: A Doctrinal and Spiritual Commentary.* Kalamazoo, MI: Cistercian.

Dillon, Christopher

1999   "Lectio Divina in the Monastic Tradition." *Cistercian Studies Quarterly* 34: 311–320.

Dwyer, Vincent

s/f   "Many Paths to Prayer: *Lectio Divina.*" Accedido en enero de 2015. http://www.jesuits.ca/orientations/dwyer.html#transcription.

Dysinger, Luke

2005   "Accepting the Embrace of God: The Ancient Art of Lectio Divina." Valyermo Benedictine. Última modificación 12 de setiembre de 2005, accedido el 3 junio de 2009. http://www.valyermo.com/ld-art.html.

Earle, Mary C.

2003   "The Process of Lectio Divina." *The Lutheran* 16: 24.

Egan, Keith J.

1976   "Guigo II: The Theology of the Contemplative Life." En *The Spirituality of Western Christendom*, editado por E. Rozanne Elder, 106–115. Kalamazoo, MI: Cistercian.

Endean, Philip

2001   *Karl Rahner and Ignatian Spirituality*. Oxford: Oxford University Press.

Erikson, Millard J.

1985   *Christian Theology*. Grand Rapids: Baker, 1985.

Fiedler, Ernest J.

1996   "Lectio Divina: Devouring God's Word." *Liturgical Ministry* 5: 65–69.

Forbes, Cheryl

1986   *Imagination: Embracing a Theology of Wonder*. Portland: Multnomah.

Gallagher, Michael Paul

2002   "Newman on Imagination and Faith." Publicado por primera vez en 2002, accedido el 30 de octubre de 2009. http://www.plaything.co.uk/ gallagher/academic/newman_imagination.html.

2006   "Theology and Imagination: From Theory to Practice." Publicado por primera vez en 2006, accedido el 30 de octubre de 2009. http://www. plaything.co.uk/ gallagher/academic/theol_imag.html.

Gasque, Laurel

2005   "The Bible of the Poor: An Example of Medieval Interpretation and Its Relevance Today." En *Imagination and Interpretation: Christian Perspectives*, editado por Hans Boersma, 57–67. Vancouver: Regent College.

Goldingay, John

2002   *An Ignatian Approach to Reading the Old Testament*. Cambridge: Grove.

2003   "Premodern, Modern, and Postmodern in Old Testament Study." En *Eerdmans Commentary on the Bible*, editado por James D. G. Dunn y John W. Rogerson, 13–20. Grand Rapids: Eerdmans.

Green, Garret

1989   *Imagining God: Theology and the Religious Imagination*. Grand Rapids: Eerdmans.

Greidanus, Sidney

    1988   *The Modern Preacher and the Ancient Text: Interpreting and Preaching Biblical Literature*. Grand Rapids: Eerdmans.

Guillen, Antonio

    2008   "Imitating Christ Our Lord with the Senses: Senses and Feeling in the Exercises." *The Way Supplement* 47, no. 1 y 2: 225–241.

Hall, Budd L.

    2001   "I Wish This Were a Poem of Practices of Participatory Research." En *Handbook of Action Research: Participative Inquiry and Practice*, editado por Peter Reason y Hilary Bradbury, 171–178. London: Sage.

Heisler, Greg

    2007   *Spirit-led Preaching: The Holy Spirit's Role in Sermon Preparation and Delivery*. Nashville: B & H.

Heron, John y Peter Reason

    2001   "The Practice of Co-operative Inquiry: Research 'with' Rather Than 'on' People." En *Handbook of Action Research: Participative Inquiry and Practice*, editado por Peter Reason y Hilary Bradbury, 180–188. London: Sage.

Jones, Susan

    2010   "The Purpose of Preaching." *Candour*: 10–11.

Kemmis, Stephen y Robin McTaggert

    2000   "Participatory Action Research." En *Handbook of Qualitative Research*, editado por Norman K. Denzin y Yvonna S. Lincoln, 567–605. 2nd ed. Thousand Oaks, CA: Sage.

Klein, William W., Craig L. Blomberg y Robert L. Hubbard Jr.

    2004   *Introduction to Biblical Interpretation*. 2nd ed. Nashville: Thomas Nelson.

Ladd, George E.

    1971   "The Search for Perspective." *Interpretation* 25, no. 1: 41–62.

Larsen, David L.

    1995   *Telling the Old Old Story: The Art of Narrative Preaching*. Wheaton: Crossway.

Lischer, Richard

    2005   "Imagining a Sermon." En *A Reader on Preaching: Making Connections*, editado por David Day, Jeff Astley y Leslie J. Francis, 179–184. Aldershot: Ashgate.

Lloyd-Jones, Martyn

    1971   *Preaching and Preachers*. London: Hodder & Stoughton.

Loader, William

    2007   *The New Testament with Imagination: A Fresh Approach to Its Writings and Themes*. Grand Rapids: Eerdmans.

Long, Thomas G.

  1990   "The Use of Scripture in Contemporary Preaching." *Interpretation* 44, no. 4: 341–352.

Lonsdale, David

  2000   *Eyes to See, Ears to Hear: An Introduction to Ignatian Spirituality*. Traditions of Christian Spirituality, editado por Philip Sheldrake. New York: Orbis.

Lynch, William F.

  1973   *Images of Faith: An Exploration of the Ironic Imagination*. Notre Dame: Notre Dame Press.

  1974   *Images of Hope: Imagination as Healer of the Hopeless*. Notre Dame: Notre Dame Press.

MacDonald, George

  1887   *A Dish of Orts*. (Detalles de publicación desconocidos).

McNiff, Jean, Pamela Lomax y Jack Whitehead

  2003   *You and Your Action Research Project*. 2nd ed. London: RoutledgeFalmer.

Merton, Thomas

  1970   *Opening the Bible*. Collegeville, MN: Liturgical Press.

  1972   *Seeds of Contemplation*. Hertfordshire: Anthony Clarke.

Miller, David L.

  2003   "Lectio Divina Divine Reading." The Lutheran. December 2003, accedido el 3 de junio de 2009. http://www.thelutheran.org/article/article. cfm?article_id=3470.

Mulholland Jr., M. Robert

  1997   "Prayer as Availability to God." *Weavings*: 20–26.

Newman, John Henry

  1955   *Grammar of Assent*. New York: Doubleday.

Nichols, J. Randall

  1980   *Building the Word: The Dynamics of Communication and Preaching*. San Francisco: Harper & Row.

Nieman, James R.

  2005   "Preaching That Drives People from the Church." En *A Reader on Preaching: Making Connections*, editado por David Day, Jeff Astley y Leslie J. Francis, 247–254. Aldershot: Ashgate.

Northcutt, Kay L.

  2009   *Kindling Desire for God: Preaching as Spiritual Direction*. Minneapolis: Fortress.

Nouwen, Henri

  1995   "Moving from Solitude to Community to Ministry." *Leadership* (Spring 1995): 81–87.

O'Connor, Fr. John

2009   Interview about Ignatian spirituality with the author.

O'Donnell, Gabriel

1990   "Reading for Holiness: Lectio Divina." En *Spiritual Traditions for the Contemporary Church*, editado por Robin Maas y Gabriel O'Donnell, 45–54. Nashville: Abingdon.

O'Leary, Daniel

2008   "Windows of Wonder." *The Tablet*.

Park, Peter

2001   "Knowledge and Participatory Research." En *Handbook of Action Research: Participative Inquiry and Practice*, editado por Peter Reason y Hilary Bradbury. London: Sage.

Patton, Michael Quinn

2002   *Qualitative Research and Evaluation Methods*. 3rd ed. Thousand Oaks, CA: Sage.

Pennington, Basil M.

1998   *Lectio Divina: Renewing the Ancient Practice of Praying the Scriptures*. New York: Crossroad.

2005   *Who Do You Say I Am? Meditations on Jesus' Questions in the Gospels*. New York: New City Press.

Peterson, Eugene H.

1988   *Reversed Thunder: The Revelation of John and the Praying Imagination*. San Francisco: HarperSanFrancisco.

1992   *Under the Unpredictable Plant: An Exploration in Vocational Holiness*. Grand Rapids: Eerdmans.

2006   *Eat This Book: A Conversation in the Art of Spiritual Reading*. Grand Rapids: Eerdmans.

Puhl, Louis J., ed.

2000   *The Spiritual Exercises of St Ignatius*. Vintage Spiritual Classics. New York: Vintage Books.

Quicke, Michael

2003   *360-Degree Preaching: Hearing, Speaking and Living the Word*. Grand Rapids: Baker.

Rahner, Hugo

1968   *Ignatius the Theologian*. New York: Herder & Herder.

Rahner, Karl

1981   *The Spirituality of the Church of the Future*. (Detalles de publicación desconocidos).

1986   *The Practice of Faith*. New York: Crossroad.

Ramsey, Boniface

    1990   "The Spirituality of the Early Church: Patristic Sources."
                  En *Spiritual Traditions for the Contemporary Church*,
                  editado por Robin Maas y Gabriel O'Donnell, OP, 25–44. Nashville:
                  Abingdon.

Ravier, Andre

    1987   *Ignatius Loyola and the Founding of the Society of Jesus*. San Francisco:
                  Ignatius Press.

    1991   *A Do-It-At-Home Retreat: The Spiritual Exercises of St Ignatius of
                  Loyola*. San Francisco: Ignatius Press.

Reason, Peter

    1994   "Three Approaches to Participative Inquiry." En *Handbook of
                  Qualitative Research*, editado por Norman K. Denzin y Yvonna S.
                  Lincoln, 324–339. Thousand Oaks, CA: Sage.

Russell, Kenneth C.

    2003   "Why Lectio Divina is Difficult." *Spiritual Life* 49: 67–75.

Schaer, Cathrin

    2006   "She's Right, Mate." *Canvas*: 10–12.

Schneiders, Sandra

    2002   "Biblical Spirituality." *Interpretation* 56, no. 2: 133–142.

Smith, Neil Gregor

    1956   "Imagination in Exegesis." *Interpretation* 10, no. 4: 420–426.

Squire, Aelred

    1973   *Asking the Fathers*. London: SPCK.

Steinmetz, David C.

    1993   "Luther and Loyola." *Interpretation* 47, no. 1: 5–14.

Stortz, Martha Ellen

    1993   *PastorPower*. Nashville: Abingdon.

Swinton, John y Harriet Mowat

    2006   *Practical Theology and Qualitative Research*. London: SCM.

Thurston, Bonnie

    2009   "On Biblical Preaching." *The Way Supplement* 48, no. 1: 67–80.

Tozer, A. W.

    1995   "The Value of a Sanctified Imagination." En *Developing a Christian
                  Imagination: An Interpretive Anthology*, editado por Warren W.
                  Wiersbe, 211–214. Wheaton, IL: Victor.

Trainor, Michael

    2008   "Towards a Parish Spirituality of the Word of God." *Compass* 42, no. 4:
                  22–30.

Troeger, Thomas H.

1990   *Imaging a Sermon.* Nashville: Abingdon.

US Catholic Church, ed.

1995   *Catechism of the Catholic Church.* New York: Doubleday.

Von Balthasar, Hans Urs.

1965   *Essays in Theology* II: *Word and Redemption.* New York: Herder & Herder.

1982   *The Glory of the Lord: A Theological Aesthetics. Vol. 1, Seeing the Form,* editado por John Riches. Edinburgh: T & T Clark.

Wiersbe, Warren W.

1994   *Preaching and Teaching with Imagination: The Quest for Biblical Ministry.* Grand Rapids: Baker.

Windsor, Paul

2005   "Introduction to Preaching." Course taught at Carey Baptist College, Auckland.

Wright, N. T.

2005   *Scripture and the Authority of God.* London: SPCK.

2009   "Q and A with Bishop Wright on 'Justification.'" Ben Witherington on the Bible and Culture, Beliefnet. Accedido el 9 de setiembre de 2010. http://blog.beliefnet.com/bibleandculture/2009/06/q-and-a-with-bishop-wright-on-justification.html.

Sociedad Langham

La Sociedad Langham es una comunidad mundial que trabaja con el ánimo de cumplir la visión que Dios encomendó a su fundador, John Stott, consistente en:

facilitar el crecimiento de la iglesia en madurez y en semejanza a Cristo, elevando los niveles de predicación y enseñanza bíblica.

Nuestra visión es ver que las iglesias del mundo mayoritario estén equipadas para la misión y creciendo hacia la madurez en Cristo a través del ministerio de sus pastores y líderes, quienes creen, enseñan y viven por la Palabra de Dios.

Nuestra misión es fortalecer el ministerio de la Palabra de Dios:
- fortaleciendo movimientos nacionales de predicación bíblica;
- favoreciendo la creación y distribución de literatura evangélica; y
- elevando el nivel de la educación teológica evangélica, especialmente en países donde las iglesias carecen de recursos.

Nuestro ministerio

Langham Predicación se asocia con líderes nacionales que estimulan movimientos locales de predicación bíblica para pastores y predicadores laicos en el mundo entero. Con el apoyo de un equipo de capacitadores provenientes de diversos países, se desarrolla un programa de seminarios a diversos niveles que proveen capacitación práctica, al cual le sigue un programa que busca formar facilitadores locales. Los grupos locales de predicación (escuelas de expositores) y las redes nacionales y regionales se encargan de dar continuidad a los programas e impulsar su desarrollo ulterior con el fin de construir un movimiento vigoroso comprometido con la exposición bíblica.

Literatura Langham provee a los pastores, seminarios y académicos del mundo mayoritario libros evangélicos y recursos electrónicos mediante becas, descuentos y mecanismos de distribución. El programa también auspicia la producción de literatura evangélica para pastores en diversos idiomas a través de talleres para escritores y editores, respaldo a la tarea literaria, traducciones, fortalecimiento de las casas editoriales evangélicas e inversiones en proyectos regionales de literatura, tales como el *Comentario Bíblico Contemporáneo*.

Langham Becas provee apoyo financiero para estudiantes evangélicos a nivel doctoral provenientes del mundo mayoritario, de tal manera que, una vez que regresen a sus países, puedan capacitar pastores y a otros líderes cristianos brindándoles una sólida formación bíblica y teológica. Éste es un programa que equipa a quienes van a equipar a otros. *Langham Becas* trabaja igualmente con seminarios del mundo mayoritario fortaleciendo su educación teológica. Un número creciente de académicos de *Langham Becas* estudia en programas doctorales de alta calidad en reconocidos centros del mundo mayoritario. Además de formar a la siguiente generación de pastores, los graduados de *Langham Becas* ejercen una influencia significativa a través de sus escritos y su liderazgo.

Para obtener más información sobre la *Sociedad Langham* y el trabajo que desarrollamos visítenos en www.langham.org.